NUEVAS PAUTAS DE TRADUCCIÓN LITERARIA

JAVIER GÓMEZ MONTERO (ed.)

NUEVAS PAUTAS DE TRADUCCIÓN LITERARIA

Cuadernos del Taller de Traducción
Literaria de Kiel 2008

VISOR LIBROS

LIBRO XII DE LA COLECCIÓN *Visor literario*

Publicación financiada con ayuda del Programa de
Cooperación Cultural «ProSpanien»

© Javier Gómez-Montero
© Visor Libros
   Isaac Peral, 18- 28015 Madrid
   www.visor-libros.com

ISBN: 978-84-7522-109-0
Depósito legal: M. 34.086-2008

Impreso en España. *Printed in Spain.*

ÍNDICE

Salutación en lugar de un prólogo 9

Jordi Doce 13
Traducir: tres asedios

Amelia Gamoneda 37
La lengua bífida de la traducción

María del Carmen África Vidal Claramonte 75
Traducir en el siglo XXI: nuevos retos de la investigación traductológica

Helena Cortés Gabaudan 87
La traducción de la forma literaria

Luis Martínez de Merlo 117
Revisando criterios en la traducción de textos poemáticos

Víctor Andrés Ferretti 133
Traducción componible. Un alegato en favor de la literariedad

Javier Gómez-Montero 153
Apuntes para un cuaderno de traducción: sobre textos de F. Hölderlin

Clara Janés 161
Las dos orillas del mar (sobre la traducción de poesía)

Antonio Colinas 175
¿Por qué he traducido?

Andrés Sánchez Robayna 183
Traducir y ser traducido

Noticia de los encuentros de traductores y escritores en Castrillo de los Polvanzares 199

SALUTACIÓN EN LUGAR DE UN PRÓLOGO

Nuevas pautas de traducción literaria reúne toda una selección de las intervenciones y otras reflexiones de los participantes en los Encuentros de Traductores y Escritores de Castrillo de los Polvazares en los años 2006-2008. En su conjunto son un botón de muestra de tres maneras diferentes de enfrentarse a la traducción poética, un cuadro de sus posibilidades y riesgos, al tiempo que un reflejo del litigio básico entre teoría y práctica. No obstante, los asedios a la traducción que ofrecen los poetas, traductólogos y filólogos (todos ellos traductores a su vez) que protagonizan este volumen apuestan decididamente por un discurso que capitaliza prudentemente el binomio de la propia reflexión y la intransferible experiencia pragmática. Por ello, la voz de los traductores —cuya actividad les convierte de suyo en creadores de textos poéticos— se superpone y se impone a los conceptos que suministran la Filología, la Crítica literaria y la Traductología (la *Übersetzungs- und Literaturwissenschaft*) en favor de la creación. Conciencia y experiencia poética constituyen el punto de mira tanto de los ensayos de impronta más académica de África Vidal Claramonte y de Víctor A. Ferretti como el repaso de técnicas o herramientas y de procedimientos lingüísticos y retóricos de que dan cuenta la germanista Helena Cortés Gabaudan a propósito del *Fausto,* Luis Martínez de Merlo con respecto a Dante y Baudelaire y yo mismo a propósito de la escritura poética de Hölderlin.

Las aportaciones de Jordi Doce y Amelia Gamoneda suponen un díptico cuyo discurso parte de la conjunción de poesía y traducción en un único concepto poetológico. Sus páginas nos adentran en el entramado de una escritura que transforma al traductor—como lo formula el primero— en un doble del autor y del traductor mismo, lo que coincide con el juego de superposiciones de identidad y de voces que conforman lo que la segunda denomina la *lengua bífida* de la traducción.

El tríptico con que se cierra el libro es —justo a la luz de las páginas descritas— todo un lujo de incisividad y meridiana claridad. Clara Janés, Andrés Sánchez Robayna y Antonio Colinas —tres poetas de primerísima fila en la poesía española contemporánea— nos invitan a acceder a su escritorio para hacernos así partícipes de sus experiencias personales siguiendo el cauce de coloquios, encuestas y referencias autobiográficas que revelan la inextricable unidad discursiva que alienta su escritura de excepcionales poetas-traductores.

En cierta medida estas *Nuevas Pautas de Traducción Literaria* siguen la línea marcada por otros dos libros auspiciados por Andrés Sánchez Robayna y Jordi Doce con los que el presente volumen entiende formar un tríptico: el surgido del curso de la Universidad Internacional Menéndez Pelayo tinerfeña (Paolo Valesio/Rafael-José Díaz [eds.]: *Literatura y traducción: caminos actuales*. Santa Cruz de Tenerife: U.I.M.P., 1996) y el resultado de un ciclo de conferencias del Círculo de Bellas Artes (Jordi Doce [ed.]: *Poesía en traducción*. Madrid: Círculo de Bellas Artes, 2007). Ambos se erigieron en referentes inexcusables de un proyecto como el presente, concebido a partir del ejemplo que nos daban el Taller de Traducción Literaria de la Universidad de La Laguna y sus fórmulas de trabajo. Igualmente es de justicia mencionar el respaldo que Antonio Gamoneda y Luis Mateo Díez dieron en sus inicios a los Encuentros de Escritores y Traductores de Castrillo de los Polvazares, uno de cuyos resultados es también este libro. Quede aquí expresado mi agradecimiento a todos ellos y a cuantos han participado en las jornadas así como a los autores de estas páginas y a Philipp Schlüter, su componedor.

Javier Gómez-Montero
Kiel, en mayo de 2008

Jordi Doce

TRADUCIR: TRES ASEDIOS

I. TEORÍA

Si echamos la vista atrás, advertimos que escribir poemas ha sido durante mucho tiempo sinónimo de traducirlos. La historia de la poesía occidental es un palimpsesto de continuas reescrituras que han oscilado entre la traducción filológica y la versión libre, pero que en ningún caso han sabido resistirse a la tentación del hurto y el contrabando fronterizo. Leer nuestro pasado literario es pasearse por un museo sin cámaras ni medidas de seguridad, caminar escoltado por obras perdurables que se ofrecen al visitante como los puestos de un mercado oriental. ¿Quién no querría llevarse algo, por mísero que fuera? La historia de la poesía renacentista y barroca es una historia de préstamos y robos más o menos disimulados, un trapicheo incesante de motivos, ideas y códigos compartidos. Un ejemplo, no de los más recordados: el famoso soneto de Quevedo que comienza «Buscas en Roma a Roma, oh peregrino» no es, en realidad, más que la traducción de un soneto de la serie *Antiquitez de Rome,* del francés Joachim du Bellay («Nouveau venu qui cherches Rome en Rome»), también traducido al inglés de la época por Edmund Spenser. Una comparación detallada entre los tres sonetos nos da una estimación muy precisa de la personalidad de sus tres autores; pero no puede vadear el hecho incontestable de su origen: los tres, inclusive el poema de Du Bellay (que parte de ciertos modelos de la poesía latina de la época), son traducciones.

Todo texto literario es la traducción de otro que lo antecede, incluso si no existe.

* * *

Son muchos los que se apoyan en el parcial o presunto hermetismo de cierta poesía moderna, o en la falta de entendimiento que a veces suscita en sus lectores, para negar la posibilidad de su traducción. A tales alegaciones habría que responder: «¿Puede afirmar sin lugar a dudas que comprende todo lo que lee o le dicen, o incluso lo que usted mismo cree pensar? ¿No le ha pasado alguna vez (mejor dicho, casi siempre) que cuando quiere explicar alguna cosa percibe que no le entienden o no se hace entender? ¿Significa tal cosa que la comunicación, con todo y con ser imperfecta (cosa que podemos muy bien aceptar), es imposible?».

Así también la traducción: no existe la traducción ideal como no existe la comunicación ideal; ambas están sujetas a ruidos e interferencias, a la esencial falibilidad del ser humano y la escasa disposición de nuestro entorno a colaborar con nuestra voluntad de comunicarnos o de traducir: en un caso es la resistencia del idioma, que hace naufragar muchos de nuestros esfuerzos traductores; en el otro es la acústica del aire o de la estancia que nos acoge, y en la que naufragan una parte importante de nuestros esfuerzos comunicativos.

* * *

La presunta dicotomía conocimiento/comunicación, tan virulenta en una etapa reciente de nuestra historia literaria, no tiene, a poco que se la examine, fundamento alguno. Si no hay comunicación no puede haber conocimiento, pues el conocer es siempre un acto transitivo, que implica alteridad y desdoblamiento, un ir y venir entre dos orillas, incluso si esas orillas están en uno mismo (lo que viene a confirmar que conocer es siempre un reconocer, la llegada de algo que nos interpela desde el momento mismo en que advertimos su existencia). Y viceversa: si no se traslada algún tipo de conocimiento, entonces no hay comunicación digna de ese nombre; dicho de otro modo, la acción de comunicarse trae aparejada la existencia de un mensaje, de algo comunicable y por tanto cognoscible a la luz de los sentidos o el entendimiento. Comunicación y conocimiento: ¿qué otro nombre podría darse a este binomio falsamente conflictivo sino el de *traducción?*

* * *

Cuando surge la pregunta, por lo común algo maliciosa, de si alguien ha de ser poeta para traducir poesía, cabe responder algo parecido a esto: «Puede no serlo a priori, pero sí, por fuerza, a consecuencia de su trabajo de traducción. Olvidamos con demasiada frecuencia que el artista no es el productor de una obra de arte, sino su producto. No es el poeta el que hace el poema, sino el poema el que nos permite afirmar que su autor es poeta». Lo mismo es predicable de la traducción literaria, sea o no poética. Quien traduce poesía es libre de comenzar su tarea con la disposición que más le convenga, pero, si la culmina con éxito, se habrá convertido en poeta lo pretenda o no.

* * *

Para la tradición idealista alemana (a la que, en parte, se adscribe Ortega y Gasset), traducir un poema ha de suponer un forzamiento y apertura de la lengua a la que se traduce; o, lo que viene a ser lo mismo, un enriquecimiento de la propia lengua con los códigos y estructuras del idioma del poema original. De tal forma que un idioma, al abrirse a otros mediante el ejercicio de la traducción, se iría aproximando a esa lengua ideal, prebabélica, que está en el origen de la dispersión y fragmentación actuales.

* * *

Con todo, y aun si no creemos en ninguna lengua total o ideal que otorgue trascendencia a este esfuerzo de ampliación y forzamiento de nuestro pequeño idioma, cabe entender el ejercicio traductor como una variante o prolongación de la creación literaria: se trata, en ambos caso, de violentar la convención, fracturar los clichés petrificados por el uso y la rutina, volar los puentes mismos sin los cuales tales actividades serían imposibles. Escribir, traducir: tareas inmensamente sutiles y paradójicas, como mantener el equilibrio sobre un alambre, cuya única función es hacernos temblar y titubear en la seguridad de nuestros asientos. Podría decirse, a riesgo de incurrir en la exageración, que, del mismo modo que escribimos para mostrar la dimensión imperfecta y mendaz del lenguaje (convención a la que nos agarramos para no caer en el absurdo), traducimos para revelar, precisamente, la imposibilidad de traducir en el sentido lato del término, y demostrar, de paso, que no existe nada semejante a una traducción perfecta. Nadie, ni siquiera el lector más exigente, es más consciente que un buen traductor de las limitaciones de su trabajo.

* * *

Nada más prescindible, tal vez, que el diccionario cuando empezamos a traducir. En ese primer estadio, lo que menos importa es encontrar sinónimos o equivalencias léxicas, o comprender de manera profunda el sentido de ciertas frases y expresiones idiomáticas. Todas estas búsquedas no son nada sin la búsqueda fundamental de una lengua personal capaz de generar la traducción desde dentro de nuestro propio idioma. La mayoría de las traducciones literarias nacen mermadas fatalmente por esa carencia: el traductor puede ser alguien experto que domina tres lenguas, acostumbrado a manejar con perspicacia diccionarios y manuales, que ha leído biografías del autor y estudios críticos de su obra, pero todo este esfuerzo será en balde si no consigue forjarse una idea del estilo del original y plasmarlo en su trabajo. La traducción ha de ostentar la trabazón y coherencia orgánica que tiene el texto original, y el traductor debe lograr que el lector perciba ese cuerpo sensible antes incluso de entenderlo, de abarcar su significado más o menos literal. Si esto no es así, la traducción será invisible en la dimensión que más importa, la de los sentidos.

* * *

Traducimos porque de otro modo nuestro idioma nunca hubiera salido de su estadio primitivo, y así tampoco nuestra literatura hubiera dejado atrás la piel de la oralidad y la repetición ritual. Pero es la traducción precisamente la que permite que todos los cambios de que ha sido testigo el tiempo perduren como anillos en el tronco del idioma, para que nosotros podamos revisarlos a voluntad, contar sus años que son también los nuestros.

II. PRÁCTICA

En otras ocasiones he definido la traducción literaria, y más en concreto la poética, como un ejercicio de desdoblamiento dramático, una actuación forzada por el desafío a ser *otro,* una heteronimia de contenidos preexistentes que piden ser reformulados en otra lengua. No hay exageración cuando afirmo que, al traducir a poetas tan diferentes como W. H. Auden, Ted Hughes o Charles Tomlinson, he debido ensayar mi papel lo mismo que un actor: leer una y otra vez el guión de los poemas originales, hacer anotaciones al margen, buscar información complementaria, *empaparme* de la atmósfera y las circunstancias en que el autor los escribió; y, finalmente, a base de numerosos ensayos, hacerme con mi nuevo papel, hablar con otra voz, decir el texto ajeno como si fuera propio, uncirlo a las cadencias de la sangre.

Se trata, en rigor, de un esfuerzo imaginativo que es menos una transformación del yo que el desarrollo de algunas vetas o hebras que hasta entonces habrían permanecido latentes, atrofiadas, retenidas en un profundo estado germinal. El yo es también esas otras voces, esos otros yoes, por frágiles o incipientes que puedan parecernos. Y traducir, interpretar, es también una huida liberadora de la cárcel de lo que somos, un medio de burlarnos de nosotros mismos, de reinventarnos, de conjurar o conjugar de otra manera eso que oscura y fatalmente percibimos ser.

* * *

Un amigo actor me cuenta que una buena caracterización depende muchas veces de dar con un rasgo del personaje (una mueca, un tic, una forma de andar o de moverse o de hablar…) que lo define o lo resume. Ese rasgo es una suerte de palanca que permite reconstruir la totalidad del personaje, el puente o nexo que permite al actor ser uno con su interpretación, convencerle de su pertinencia y su veracidad.

Como mi amigo el actor, muchas veces no he estado seguro de mi interpretación hasta que no he dado con un giro verbal, una superstición fonética, una forma de emparejar o articular las palabras que de alguna manera resume o singulariza el texto original. En los *Cuatro cuartetos* de Eliot, como explico más adelante, fue la impresión de intensa simetría entre los dos hemistiquios que conformaban el verso en los pasajes más reflexivos o meditativos; una simetría que no era forzada ni solemne, que se desplegaba con una soltura calma, casi morosa, capaz de tensarse sin disonancias. En Auden fue más bien su gusto por las incongruencias verbales y la adjetivación grotesca, su pasión por las jergas y la pedrería feísta en convivencia inmediata con un lenguaje culto, de alta conciencia y gradación literarias. En Simic, la sequedad verbal, el desmarque irónico, el humor negro. En De Quincey, en fin, la coquetería sintáctica, la *jouissance* con que tuerce y retuerce la frase sin perder nunca de vista sus dos extremos.

* * *

A menudo asocio ciertas traducciones a las imágenes mentales que presidían mi trabajo. Mi recuerdo de la traducción de *Los césares*, de Thomas de Quincey, por ejemplo, está ligado a una calle de Oxford por la que pasaba ocasionalmente de camino a la Taylor Institution, hace exactamente diez años. Una y otra vez, mientras reescribía a De Quincey, primero a mano en la libreta y luego en la pantalla del ordenador, pensaba en aquella calle, me situaba en uno de sus tramos, retenía su atmósfera, su juego de luces y sombras: una calle patricia y silenciosa, de fachadas de arenisca con puertas pintadas de colores vivos y escaleras siempre húmedas donde los estudiantes recostaban sus bicicletas. Se trataba, sin duda, de un truco de la mente para guardar fuerzas y favorecer la concentración; una forma de prevenir distracciones y blindarme contra mi entorno inmediato. Sin embargo, ahora pienso que era algo más: yo estaba realmente ahí y realizaba mi trabajo en ese tramo concreto de calle; mi otro yo, a la búsqueda de una atmósfera más propicia, había terminado regresando a Oxford, tal vez porque allí había traducido a De Quincey por primera vez y una vaga superstición le vinculaba a aquel lugar. Yo era mi fantasma, y el fantasma era el traductor.

* * *

Todo el edificio de la traducción se sostiene sobre una paradoja insoluble, esto es, un desafío a la razón. El novelista danés Jens Christian Grøndahl lo ha expresado mejor que nadie:

> Ser traducido es simultáneamente una liberación y una pérdida, porque sucede a costa de mi lengua. Sólo me queda esperar que el traductor sea capaz de rescribir mi novela tal y como yo la habría escrito si fuera español. Pero ¿habría escrito yo alguna vez ese libro si fuera español?

Cuando traduzco la poesía de Auden llevo a cabo un ejercicio de literatura-ficción que consiste en imaginar cómo serían sus poemas si hubiera nacido en España en algún momento del siglo veinte. Pero ¿habría escrito Auden estos mismos poemas de haber sido español? No es sólo un asunto (obvio) de lengua o de biografía, sino también de tradiciones literarias y del estado en que cada escritor recibe su idioma literario. Y es evidente que el idioma de la modernidad anglosajona no era el de nuestra modernidad: cambian las líneas de salida, las perspectivas, los puntos de contraste y de referencia, los horizontes, las expectativas…

Y, sin embargo, debo escribir los poemas que Auden habría escrito de ser español. Debo fingir que soy un poeta que no habría podido existir, que de hecho nunca existió. Debo violentar la lógica y el sentido común para producir discurso, sentido. Incluso si mi obligación es inaugurar un espacio literario nuevo, abrir el idioma a otra sensibilidad, otra forma de conjugar las palabras y el mundo. Que es, por lo demás, lo que todo escritor ha de aspirar a hacer.

* * *

El asunto se complica en el caso de las antologías. Traducir un libro de poemas es interpretar el papel de su autor en un momento concreto de su existencia creadora. Traducir una antología, en cambio, es interpretar ese papel *a lo largo* del tiempo, en sus cortes, correcciones, cambios de opinión, despliegues y repliegues. Hay que reproducir una larga y compleja trayectoria literaria en meses o años, ser alternativamente el poeta joven y el viejo, el maduro y el decadente. El ejercicio dramático deviene entonces, al menos en parte, reflexión biográfica, desvelamiento de las fallas y las claves que condicionan una vida.

* * *

Alguien me dirá que estoy mezclando groseramente sujeto poético y sujeto civil, que confundo la existencia del escritor con su obra. No es el caso. Trato más bien de vislumbrar el lugar desde donde el escritor se reinventa en la página, las tensiones e inquietudes con que ha generado sus diseños de lenguaje a lo largo del tiempo. El Eliot de *La tierra baldía* no es el poeta de los *Cuatro cuartetos*. Algo ha cambiado en su forma de concebir la poesía y tal vez la vida. ¿Por qué no investigar este quiebro, exhumar sus raíces, remontarnos a unas fuentes que, a poco que escarbemos, suelen estar del lado de la experiencia vital?

Dicho esto, no olvido que en poesía lo más superficial (esto es, la textura del lenguaje, el *plano* verbal, la manifestación visible de la forma) es lo más profundo.

* * *

Ocurre a veces que algún lector me pregunta el porqué de ciertas decisiones textuales. Mi respuesta es siempre insatisfactoria. Pasado el tiempo, he olvidado el motivo por el que traduje unos versos de esta o aquella manera y me invade (no por mucho tiempo) la duda, el temor a haberme equivocado.

Dos fuerzas contienden sobre la página: por un lado, el respeto a la literalidad semántica; por otro, la propia fuerza orgánica, moldeadora, que la traducción libera desde sus primeros versos, y en la que se inscriben su clave rítmica y tonal, su peculiar diseño de lenguaje. Esta fuerza no sirve sólo para ponernos en situación, captar la longitud de onda en la que hemos de recibir, por así decirlo, los demás versos, sino que garantiza igualmente la integridad estética del resultado, su condición inexcusable de poema. De ahí que muchas veces las soluciones finales no sean las más inmediatas ni las que propondría un lector capaz de acceder al sentido literal de los versos. Ello no quiere decir que vulneren esa literalidad, sino que su impulso primero viene de otro sitio, de aquel germen rítmico y tonal que va tendiendo sus zarcillos y ramajes hasta configurar un texto vivo, tensado, pulsátil. Porque el poema ha de estar vivo, crecer con su sangre, dibujar el perímetro resonante de sus propios latidos.

Es un hecho que estos latidos (esta plusvalía de placer estético) sólo los perciben quienes están educados o programados para hacerlo. Los demás se atoran en la comparación con el texto original y advierten sólo las distancias, las diferencias. De ahí que mi duda o mi temor sean fugaces. Si no son capaces de escucharlos por sí solos, no hay nada que pueda hacer por ellos.

* * *

Releyendo mi diario hace poco, me encontré con una anotación que venía a subrayar, un poco de manera inconsciente, un aspecto poco debatido del trabajo traductor. Me refiero a la traducción como *escucha,* como atención paciente y erizada de una voz (una longitud de onda, dije antes) cuyos matices y tonalidades condicionan fatalmente el proceso; lo condicionan y también lo facilitan, puesto que nos permiten descartar de antemano una serie de alternativas que simplemente no encajan con esa voluntad primera:

> Hojeo una antología bilingüe de Joan Vinyoli, publicada recientemente; aquí y allá, continuas imper-

fecciones en la versión castellana que me inquietan. Apetece ir línea por línea ajustando su flujo y su cadencia. Los poemas suenan levemente desafinados, como si los traductores hubieran oído voces lejanas o confusas, que no supieron transcribir a tiempo [...].

Cuando leemos una traducción mediocre decimos que *no nos suena*. La frase es la expresión no tanto de una voluntad normativa o normalizadora (aunque puede serlo en aquellos que hacen de la corrección lingüística una especie de baluarte profiláctico) cuanto de una sospecha profunda sobre la dimensión mágica o hechizante de la poesía. El buen poema se nos impone, nos transporta, porque *suena,* esto es, comulgamos antes con su música que con su sentido. O mejor, su sentido es su música. Según Auden: *memorable speech,* habla memorable. La sensación, cuando leemos un buen poema o un buen fragmento de prosa, de que *esto es así y no puede ser de otro modo*. Lo dijo Larrea: «Sucesión de sonidos elocuentes movidos a resplandor», el resplandor de un fuego que suelda palabras que nunca antes habían estado juntas.

Si el traductor de poesía no aspira a recrear algo de esa magia, a hacer de su imaginación verbal una «fiera forja» (Blake), al menos en parte, mejor que se dedique a otra cosa.

III. TRES EJERCICIOS

El primer libro que me propuse traducir fue *Cuervo,* del poeta inglés Ted Hughes. Estudiaba entonces quinto de carrera. Todas las mañanas me sentaba en mi escritorio y trabajaba pacientemente hasta el mediodía. Iba poema por poema, consultando con frecuencia el diccionario, apuntando en columnas las distintas acepciones de cada palabra, sopesando variantes y alternativas. Hacia la primavera obtuve una versión que juzgué aceptable. Todavía recuerdo el placer con que volcaba los borradores al ordenador, corrigiendo y puliendo cada verso, comprobando por última vez un significado, una referencia.

Aquella versión viajó conmigo a Inglaterra, donde creció y sufrió varias modificaciones a lo largo de seis años. En Sheffield tuve la oportunidad de trabajar con dos profesores, Alan Yates y Neil Roberts, que solucionaron mis dudas verbales y me animaron a rematar la tarea. Además, pude leer de primera mano toda la bibliografía disponible sobre Hughes y su libro. Cada cierto tiempo volvía sobre mi versión y hacía cambios, retoques, matizaciones. La imposibilidad de encontrar un editor para *Cuervo* me obligaba a frecuentar cada poco el libro, apremiado por una inquietante sensación de provisionalidad. Esta percepción se agudizaba en la relectura: las versiones eran sin duda correctas y fiables, tenían la razón filológica de su parte, pero algo no terminaba de ir bien; era como si carecieran de norte magnético, de un imán que las tensara o erizara hacia un mismo punto de fuga. Estaban medio vivas, embutidas en una armadura de ultracorrección que no las dejaba respirar, pataleando absurdamente.

Finalmente, un día de comienzos de 1997 reparé en un comentario de Hughes por el que había pasado varias veces sin haberlo *leído* realmente. En él afirmaba haber escrito muchos de los poemas de *Cuervo* casi de un tirón, en una suerte de escritura automática controlada, sin embargo, por una fuerte conciencia rítmica y narrativa. Su propósito había sido escribir en un idioma suelto, natural, fingidamente espontáneo, despojado de los moldes métricos tradicionales que le habían constreñido hasta entonces. El comentario estaba formulado de manera tan simple que nunca me había fijado en él. Parecía otro ejemplo del adanismo un tanto fingido o exagerado de su autor, empeñado en hacer de menos su oficio y sus conocimientos literarios. Aquella vez, sin embargo, vi en esas líneas la manera de liberar mis versiones de su asfixiante armadura. Durante cerca de un mes fui de nuevo poema por poema, reescribiendo cada verso de la forma más ligera y natural posible, buscando el orden sintáctico que llamara menos la atención sobre sí mismo.

Cuento algo de este proceso en una de las anotaciones de mi diario:

> Trabajo intenso de corrección de los poemas de *Cuervo,* de Ted Hughes. La última versión del libro, que tiene más de tres años, me devuelve errores olvidados y me convence, a pesar de todo, de que el tiempo no ha pasado en vano: sólo ahora tengo la impresión de poder acertar en el tono y la música de algunos de estos poemas; es decir, de ser su igual. Otros, por supuesto, siguen ofreciendo parecida resistencia y obligan a una lectura y un repaso continuos. Reacciono ante este libro como si fuera propio: alegría e irritación son caras de la misma moneda.
>
> Como siempre que vuelvo sobre material antiguo, las correcciones tienden a la supresión y la síntesis, lo que vuelve a confirmarme que corregir no es sino escri-

bir *hacia atrás*. A esto ayuda, entre otras cosas, el que haya dotado a ciertos poemas de una regularidad métrica que los originales no poseen, pero que me parece obligada si quiero refrenar su tendencia al prosaísmo deslavazado y palabrero. Los monosílabos y compuestos tan del gusto de Hughes no tienen equivalencia en nuestra lengua, más favorable a la derivación y el uso de relativos, y las líneas se alargan más de lo necesario, sin terminar de convertirse en versículos, que exigirían a su vez otra dicción y otro ritmo muy diferentes. Por eso, este ejercicio de corrección ha tenido el efecto de una purga, de una limpieza y aclarado del lenguaje que empezaba a echar de menos [...].

Al mismo tiempo, consciente de que el verso inglés es por definición más breve y compacto que el español, traté de otorgar a los versos cierta regularidad métrica que los atara en corto y previniera cualquier sensación de desaliño. El idioma de Hughes, lleno de monosílabos y aliteraciones consonánticas, de palabras compuestas y vocales oscuras, no debía trasladarse a versos demasiado extensos o descoyuntados, carentes de vigor sintáctico. Así, la aparente infidelidad que suponía el uso de la métrica se ponía al servicio de una fidelidad más profunda al lenguaje sencillo, seco y directo, casi feísta en ocasiones, del original.

El uso de metros imparisílabos en combinación con una sintaxis casi elemental, fundada en la parataxis, la sobriedad verbal y el gusto por paralelismos, estribillos y refranes, propio de la poesía primitiva (a la que Hughes rinde homenaje consciente) fue un aprendizaje poético particularmente intenso del que —creo no equivocarme— supe beneficiarme como poeta. Así, paradójicamente, traducir a un poeta inglés me había revelado una manera efectiva de ligarme a la tradición métrica española sin caer en formalismos vacuos ni lenguajes gastados por el uso.

Cuervo se publicó finalmente en 1999, casi ocho años después de emprender trabajo en él. No he dedicado más tiempo a ningún otro libro. No hay traducción de la que haya aprendido más.

* * *

El principio que gobernó mi traducción de la poesía de T. S. Eliot fue, como se decía en el estudio prologal del volumen, «traducir poéticamente a Eliot, es decir, insertarlo en la lengua poética española». En el caso concreto de *Cuatro cuartetos,* mi preocupación primera como traductor fue establecer la clave musical (rítmica, tonal, estilística) del poema: la lengua poética es siempre una invención, una lengua dentro de otra lengua, y por lo tanto exige de quien la recrea un esfuerzo similar. Esto parece una obviedad, pero los primeros traductores de Eliot no lo tuvieron muy en cuenta: la versión de Vicente Gaos, con ser correcta, trata el poema como un tratado religioso o espiritual, y la de José María Valverde opta por una literalidad plana y sin brillo. Entre las más recientes, la del poeta mexicano José Emilio Pacheco muestra el camino a seguir: lectura del poema como artefacto literario, atención a las diversas voces que conviven en él, respeto a sus patrones métricos y rítmicos. Pacheco es un gran poeta y un buen conocedor de la literatura angloamericana, pero es también un artesano que ha bebido del ejemplo de otros poetas/traductores como Guillén o Paz y sabe recrear el singular híbrido de tradición y modernidad del último Eliot.

Eliot, dice el prólogo, fue «un hombre sin creencias, pero aquejado de la necesidad de creer». La frase es una exageración, pero describe bien su búsqueda obsesiva de un orden que dé sentido a la existencia. A diferencia de los románticos, que tratan de fundar un sistema de valores sobre el cimiento de la experiencia, Eliot rechaza el carácter iconoclasta de la razón ilustrada: el universo no es un mecanismo de relojería ni la proyección de una subjetividad creadora. Eliot regresa, pues, al dogma cristiano y se convierte al anglicanismo. Esta conversión es doble: el anglicanismo es una religión nacional y refuerza en el plano ideológico las estructuras de la sociedad civil.

Este deseo de orden ritual y jerárquico se traduce, formalmente, en una adecuación a la poética simbolista. Aunque las voces que suenan en los cuartetos son múltiples y distintas (la retórica barroca de «East Coker, II», el pastiche metafísico de «East Coker, IV», la imitación de Dante en «Little Gidding, IV», voces que era preciso respetar en mi versión), el patrón básico es un verso de largo aliento y ritmo moroso, con amplios periodos sintácticos y una dicción cuidada, cercana en muchos momentos a los postulados de la poesía pura. Este es el verso de los pasajes contemplativos y reflexivos que sostienen la obra y en los que Eliot inscribe sus preocupaciones religiosas. Dos términos describen bien este estilo: elegancia y solemnidad; una elegancia que no evita el tono conversacional y una solemnidad que casi nunca suena forzada.

La tradición simbolista en lengua española es rica y tiene afinidades con la estética de *Cuatro cuartetos:* aquí caben no sólo el Juan Ramón de *Espacio* y el Gimferrer de *El espacio desierto,* sino también Claudio Rodríguez o cierto Brines. La traducción de *El preludio (1799)* de Wordsworth realizada por Andrés Sánchez Robayna y Fernando Galván me indicó la conveniencia de mantener la alineación original utilizando un verso largo que es combinación de metros impares: heptasílabos, eneasílabos e incluso endecasílabos. Se trata, en el fondo, de una variación de la silva, aunque más flexible y capaz de recrear el ritmo tranquilo y solemne del original inglés.

El uso de este verso extenso se combina, en ocasiones, con lo que Manuel Mantero, a propósito de la poesía de Ángel Crespo, ha llamado «simultaneidad polirrítmica»: «Consiste en que ciertas palabras pertenecen a la vez a dos o más versos: al suyo normal y a otros anteriores y posteriores». Se trata de sintagmas que gracias al encabalgamiento participan de dos versos solapados. El pasaje que sigue, de «East Coker», ofrece una muestra clara de este procedimiento (señalo en cursiva las ligazones):

> En mi principio está mi fin. Ahora cae la luz
> a lo largo del descampado, desertando la senda
> tapizada de ramas, en la penumbra de la tarde,
> donde el talud te acoge al paso de la furgoneta,
> y la senda persiste *en dirección*
> *al pueblo,* hipnotizada *en el calor*
> *vibrante.* En la calina, *la piedra gris absorbe,*
> *no refracta,* la luz encandecida…

Lo importante, como dije, fue establecer la clave métrica y rítmica de mi versión. Una vez que la encontré, que encontré la voz del poema, mi trabajo se simplificó sensiblemente. No digo que fuera fácil: las cuestiones técnicas no suelen serlo. Pero la versión fue creciendo, o así me lo pareció, con la vivacidad y aliento que uno pide a sus propias páginas.

Nunca he disfrutado tanto con una traducción como con los *Cuatro cuartetos* de Eliot. Aún recuerdo el estado casi febril, de concentración intensa, con que escuché el dictado del poeta durante los meses que duró el trabajo. Esa misma intensidad es la que me impide, fuera de algunas correcciones esporádicas, revisar ahora la traducción. Para bien y para mal, pertenece a otro tiempo, a otro yo.

* * *

Traducir a un clásico (y William Blake, a pesar de su *rareza* indiscutible, lo es) plantea una disyuntiva fatal. En la obra que traducimos hay siempre una dimensión histórica que la separa de nosotros y que es más visible, o suele serlo, a medida que nos remontamos en el tiempo. No se trata sólo de un repertorio de usos idiomáticos o estilísticos, sino también del horizonte intelectual en que aparece. La convención de la lectura nos permite hacer abstracción de esta presencia de la historia a fin de subrayar aquellos rasgos que nos resultan contemporáneos y en los que nos reconocemos. Es una convención que al traductor le está vedada, pues el carácter físico de su trabajo (ese bregar con la palabras, ese tránsito nervioso entre sonido y sentido) le obliga a no pasar nada por alto, a cuidar con más o menos talento la literalidad de la obra. Traducir los sonetos de Shakespeare haciendo uso del repertorio formal de nuestro barroco (como hizo Agustín García-Calvo) es caer en el pastiche.

Recrearlos en un idioma poético moderno es, en gran medida, domesticarlos, reduciendo la distancia que nos separa de ellos y mermando su capacidad de extrañamiento. Sin duda, cierta modernización es inevitable, y en este punto las traducciones suelen diferir sólo en su mayor o menor semejanza con el idioma de la poesía contemporánea. De ahí también una paradoja, y es que quien accede a una traducción de Shakespeare está más cerca de la página que un lector inglés: el traductor maneja, entre sus códigos, algunos recientes que son conocidos del lector de poesía. Confieso, sin embargo, que ignoro la solución a esta disyuntiva. En mi caso, traducir la poesía de William Blake me obligó a un ejercicio de compromiso e insatisfacción constantes fundado en una inseguridad primera: ¿dónde estaba el término medio, si es que lo había? ¿Hasta qué punto podía naturalizar el original sin traicionar su antigüedad, su aura, la distancia que hoy mismo lo separa de un lector nativo? No encontré una solución clara a estas cuestiones, sino que la respuesta vino, como suele, de la atención al detalle. Lo primero que uno aprende al traducir es que no hay reglas universales fuera de unas normas básicas de higiene. Los códigos del simbolismo me fueron útiles en ocasiones, no en vano Blake los preludia en algunas piezas, pero en otras el molde era insuficiente o traicionaba la peculiar textura de un poema concreto. Sin duda esta inseguridad radicaba en la variedad de impulsos que estaba en la base de mi trabajo.

La primera imagen que asocio a la preparación de *Los bosques de la noche,* mi antología de su obra, es la lectura, en la primavera de 1996, de la biografía de Blake firmada por Peter Ackroyd. Ackroyd no es sólo un fino novelista sino también un íntimo conocedor de la historia y la geografía de Londres, un cronista de las innúmeros estratos que conforman la ciudad, y en su biografía Blake no es tanto el iluminado, el profeta del surrealismo y de los *beats,* cuanto un ejemplo eminente de la curiosa fauna londinense. Y Londres era entonces (hablamos de 1800) una ciudad a caballo entre dos mundos, escindida por sus deudas a un pasado doméstico y su vocación de capital de un imperio tecnológico. Ackroyd nos muestra a Blake en el centro de una compleja red de relaciones comerciales y artísticas, limitado por sus orígenes y expuesto a los demonios de la miseria y el arrumbamiento social. Nos dibuja también al artesano, al hombre que se esfuerza y busca patrones y trata con denuedo de salir de pobre. El mismo que, fuera de sus grandes poemas épicos y sus ambiguas canciones, da rienda suelta a su frustración en epigramas feroces, entre la ironía y la invectiva. Me veo, en el transcurso de la lectura, improvisando en los márgenes posibles traducciones de este o aquel verso, probando el español de algún epigrama. Entraba en el mundo de Blake por la puerta de servicio, apenas consciente de adónde entraba. Poco a poco fui reuniendo una carpeta con estos ensayos, y la lectura paralela de otros poemas, de sus cartas, de algunos textos de poética, fue redondeando a mis ojos la imagen de un artista al que la mitología *underground* no ha hecho justicia. Me di cuenta de que yo no tenía un retrato de Blake, sino su caricatura. Sin transición apenas, comencé a trabajar en sus canciones y a traducir algunas de sus cartas, que nos ponen en contacto directo con su intimidad; me remonté incluso a sus poemas de juventud, en los que es patente el influjo de la estética neoclásica. Pronto vi claro, no obstante, que cada momento de la poesía de Blake planteaba exigencias distintas, y que no todos los resultados sabrían estar a la par. Lanzado pendiente abajo, no di la importancia necesaria a esta premonición. Me arrastraba el deseo de corregir la imagen de Blake que yo había heredado y que otros, pensaba, compartían sin cuestionarla. Así nació el extenso prólogo que introduce los poemas y en el que el lector interesado puede hallar, mejor trabajado y argumentado, mi punto de vista sobre la figura y la obra del poeta inglés, al que figuro como hijo tardío del protestantismo apocalíptico pero también guardián «en el campo de centeno» de la razón, mermado por su resistencia tenaz a los principios ilustrados pero al tiempo ejemplar para quienes entendemos que razón y razón poética no son ni deben ser equivalentes. En mi ánimo estuvo, siguiendo el consejo de Pound, hallar lo clásico en Blake, subrayar aquello que en su obra nos habla con una viveza que muchas veces no encontramos en nuestros contemporáneos.

Amelia Gamoneda

LA LENGUA BÍFIDA DE LA TRADUCCIÓN

Yo tengo una experiencia en el campo de la traducción de poesía que calificaría sin precauciones de modesta, de aficionada y de dispersa. Estos tres calificativos, en apariencia negativos, no lo son tanto en realidad, pues cada uno de ellos es fruto de una actitud que he elegido en el terreno de la traducción y que precisaré a lo largo de estas líneas. Mi experiencia es modesta porque el volumen de mis traducciones no es grande: no traduzco nada más que por gusto, y prefiero saborear despacio los placeres que ello me procura sin llegar a la indigestión. También traduzco poco porque considero que la traducción es una manera de conjugar la escritura creativa, y en el ámbito creativo yo soy parsimoniosa y parca; la traducción, en mi caso, disputa pues tiempo y energía a los otros terrenos de escritura, y, a veces, no consigue ganar la partida.

I. POESÍA, TRADUCCIÓN Y AUTORÍA

Si existieran los géneros literarios —asunto, como se sabe, altamente cuestionado por la teoría literaria actual— diría que la traducción es uno de ellos, un género con unos constreñimientos muy particulares: no se ha de ahormar la escritura de la traducción a unas leyes narrativas o a una determinada forma estrófica, sino que hay que ahormarla a un texto que la precede. En el caso de la traducción de los textos ensayísticos o narrativos resulta quizá posible que ese ejercicio de conformación se refiera sólo a los contenidos, pero es obvio que, en el caso de la poesía, la cosa se complica.

La poética actual no tiene una definición estable y unánime de lo poético. Precisamente por eso no estorbará aquí que yo describa teóricamente la poética que —sin ser forzosamente la más consensuada— activa con más potencia de significación mi lectura: en lo poético se produce una desviación del sentido del discurso comunicativo mediante la puesta en funcionamiento y el subrayado de ciertas cualidades físicas de la lengua; estas cualidades físicas engendran sentidos más o menos difusos al ponerse en contacto con los significados de los signos lingüísticos del poema y con ámbitos de significación procedentes de la memoria, la cultura o el imaginario. Es decir, que la activación de las cualidades físicas de la lengua engendra una región nueva de sentido que ya no pertenece al simple nivel comunicativo de la lengua que utiliza el poema. De ello deduzco que hay pues tres niveles o zonas en las que debe conformarse una traducción de poesía. La traducción de poesía ha de restituir, en primer lugar, un significado puramente comunicativo; en segundo, ha de reponer un sistema de cualidades físicas de la lengua dinamizadas por lo poético que sea equivalente al existente en la lengua de origen; en tercer lugar, ha de crear un régimen de sentido surgido del contacto entre las cualidades físicas de la lengua, los significados y la memoria, la cultura o el imaginario de la lengua de destino. Si el primer nivel es asunto de competencia lingüística, el segundo es de competencia perceptiva y analítica. Y es en el tercero donde se juega la competencia poética: la creación de un sentido por encima del significado del texto y de su aspecto formal. En la traducción de la poesía los tres niveles son interdependientes, aunque sólo en el tercer momento se sitúe el *poiein,* ese proceso en el que las palabras hacen, hacen sentido más allá del significado. Es en ese tercer momento cuando la traducción es creación, cuando la traducción se convierte en «transcreación», como la llama Haroldo de Campos.

En la traducción de poesía está pues implicado un conocedor de la lengua de origen y de destino (para el primer nivel), un crítico literario (para el análisis de las cualidades físicas de la lengua dinamizadas por el sentido en el texto de origen) y un poeta (para dinamizar dichas cualidades en el texto de destino). Es mi intención reflexionar sobre la traducción a través de estas tres figuras (sobre todo la segunda y la tercera), figuras que pueden encarnarse en una sola persona o distribuirse en varias capaces de armonizar sus diversos papeles y de producir un trabajo mancomunado.

Lo afirman buena parte de los traductores y buena parte de los poetas: la traducción de poesía necesita de un traductor que sea poeta. No está sin embargo de acuerdo con ello —por poner un ejemplo señero— Walter Benjamin, para quien un buen traductor no necesita ser un buen poeta, pues, como explica Paul de Man, «la traducción es una relación de lenguaje a lenguaje, no una relación con un significado extralingüístico»[1], como sí ocurre en el caso de la poesía. La traducción, al igual que la filosofía crítica o la teoría literaria, son intralingüísticas, son lenguaje que se ocupa del lenguaje y que desarticula el original del que se ocupa[2]. Aunque la opción que retendré aquí será la de que es necesario ser poeta para traducir poesía, esta idea de Benjamin tendrá —como se verá más adelante— sus repercusiones sobre la figura del analista literario que se integra en la figura global del traductor. Pero, de momento, voy a comenzar por la figura del poeta, que es quizá la más reivindicada por la traducción actual al tiempo que la menos perfilada de las tres.

Si la presencia de un traductor-poeta es necesaria en la traducción, hay que deducir que la traducción de poesía es un modo de escritura asimilable a la poesía misma. Lo que ocurre es que, en la traducción de poesía, el impulso poético que conducirá después a la escritura está sustituido por el acto lector del poema que se traduce, y no es una emoción procedente de manera directa de nuestra intimidad o de la observación del mundo que nos rodea, ni es tampoco un impulso lúdico que incide sobre el lenguaje, ni un vertido directamente procedente de nuestro inconsciente; el impulso o la emoción de la traducción se encuentran en la lectura del texto previo, que es ya en sí mismo un hecho poético: el referente de la traducción es siempre un hecho de lenguaje anterior, y el referente de la traducción que se pre-

---

[1] De Man, Paul: *La resistencia a la teoría,* Visor, Madrid, 1990, p. 127.
[2] Vid. Ibid., pp. 130-131.

tende poética es siempre un hecho de lenguaje poético. De esta genealogía procede quizá el desprestigio de la traducción como escritura: por un lado no está engendrada por una experiencia vital o sentimental pura, y por tanto la emoción que habita a la traducción siempre está bajo sospecha de ser demasiado «intelectualizada» (este es el prejuicio que podríamos llamar «romántico»); por otro lado, la traducción es siempre, en el terreno de lo poético, una «segundona», y arrastra consigo una dependencia del original que le exige compararse y medirse con él (y éste es un complejo de inferioridad que, llevado al extremo, aboca a la traducción a un principio de «imitatio» propio de hace cuatro o cinco siglos). Sin embargo, nuestra cultura actual tiende a neutralizar esta diversidad de origen y de impulso que atañe a la poesía original y a la traducción de poesía: ambas son acto poético, dice la convicción de nuestro tiempo; o, por lo menos, si la una lo es, la otra también debe serlo.

Así pues el traductor de poesía ha de ser poeta. Naturalmente, puede ocurrir que ese poeta-traductor sea poeta en activo o en potencia (es decir, que se le conozca o no como escritor de su propia poesía). Como dice Jordi Doce, el traductor de poesía «puede no ser [un poeta] a priori, pero sí [lo es], por fuerza, a consecuencia de su trabajo de traducción. Olvidamos con demasiada frecuencia que el artista no es el productor de una obra de arte, sino su producto. No es el poeta el que hace el poema, sino el poema el que nos permite afirmar que su autor es poeta»[3]. Esta consideración de Jordi Doce demanda comentario. Ciertamente, es el resultado, es

---

[3] Doce, Jordi: «Traducir» en *Minerva,* 3, Madrid, 2006, p. 13.

decir, el poema, el que consagra a su autor como poeta. Y poco importa que ese poema sea una traducción o un original con tal de que sea poema. La cuestión es quién decide qué es un poema. Y aquí entramos en un problema que incluye a la labor traductora dentro de la cuestión general de la poética y de la autoría del arte en nuestros días.

El asunto de la autoría del arte, que, en términos generales, desborda el marco de esta reflexión, incide, sin embargo, directamente en el campo de la traducción de poesía: ¿quién es el autor de un texto traducido? Si el traductor ha de ser poeta, ¿este poeta no es autor de su texto? Aunque yo haya expuesto, líneas arriba, una noción de lo poético que recaba cierto consenso teórico (y que es, en esencia, deducible de la poesía de la modernidad), el hecho, en la práctica, es que, muy a menudo, la noción de poema está decidida en nuestra poesía actual por un acto mediante el que el autor, reconocido socialmente o autonombrado «poeta», presenta determinada configuración lingüística como poema. El proyecto estético que confiere credencial poética, literaria o artística a un producto depende cada día más de la voluntad explícita de su artífice. Hoy en día, es incluso dudosa la necesidad de una confirmación de tal proyecto estético en el nivel de la recepción (y no es en absoluto necesaria la unanimidad, sino simplemente cierta aquiescencia de los circuitos de mercado). Y lo que se constata es que la especie poemática, en el momento presente, no se aviene a ser definida en virtud de parámetros computables, evidentes a simple vista, y frecuentemente ni tan siquiera conceptualizables de manera estable. Hace ya tiempo que la métrica, la acentuación o la rima no son criterios de poeticidad, o, por lo menos, no son los únicos, con lo que no se les puede invocar como criterios decisorios absolutos de la naturaleza poética de un texto. E incluso las cuestiones de musicalidad y ritmo —tan solicitadas por la poesía moderna una vez que se rompió el molde poético clásico— tampoco reciben hoy título de criterio poético básico. Ni siquiera es necesario en nuestros días que operaciones como la simbolización o fenómenos como la imprecisión de sentido se encuentren presentes en un poema para que éste lo sea (véase, en España, por ejemplo, la llamada «poesía de la experiencia»). Naturalmente, todo esto rompe la unanimidad a la hora de decidir si un texto es o no es poético, y no parece posible obviar tales disensos. Tal estado de cosas no obsta para que persistan poéticas más restrictivas, más exigentes o más históricamente avaladas (y líneas arriba ya he expresado la defensa de una cierta poética). Pero me interesa en este punto situarme en la más radical de las opciones actuales, por ser aquella que evidencia más claramente los síntomas de lo que recorre por dentro a la cultura de la traducción.

Es de suponer entonces que, si lo que pedimos al traductor para reconocerlo como poeta es que adecúe su texto al criterio poético de su momento, hoy en día bastaría con que el traductor declarase su traducción como poema (y así lo refrendase alguna porción del mercado). Esto es, de hecho, lo que ocurre, pues se admite implícitamente que a la traducción le ocurre lo que a la poesía: depende del tiempo en que se genera y de los criterios que ese tiempo instituye; y, puesto que los criterios de lo poético varían con las épocas, poesía y traducción ven sometidos sus estatus a variabilidad. El aparente desconcierto suele resolverse mediante una mirada diacrónica capaz de acotar temporalmente las diferentes estéticas y poéticas: ésta es una de las funciones de la historia literaria, que debería presumiblemente completarse —para el caso que nos ocupa— con una historia de las traducciones literarias. Pero el problema viene cuando la traducción incide en una época poética desde otra; y esto es algo perfectamente usual en la traducción de nuestro tiempo. Nuestra falta actual de criterios poéticos legitimados abre la traducción de hoy a la inadecuación poética con el original de otra época; una inadecuación que, sin embargo, nuestra propia indecisión de criterios poéticos se abstiene de condenar. Pudiera uno, por ejemplo, plantearse casos como el siguiente: tomemos un texto del siglo XIX que, en origen, posea marcas métricas, prosódicas y de rima, marcas que le sirven para definirse como poético; una traducción hecha en el siglo XIX de dicho texto debería conservar y reproducir dichas marcas para ser poética. Pero si esta traducción se hace en nuestros días, ¿a qué criterio poético ha de acogerse? ¿Al estricto del siglo del original o al mucho más impreciso de nuestro tiempo? ¿Eliminar las marcas de reconocimiento poético del original elimina el carácter poético de la traducción?[4]

Para soslayar esa inadecuación de la traducción al criterio poético del original (inadecuación que se da no sólo con originales de otra época sino también de la nuestra), recurrimos hoy a las equivalencias, a un sis-

---

[4] Estas preguntas han estado muy presentes en la traducción de *Herodías* de Mallarmé, de la que hablaré más adelante.

tema poético isomorfo al del poema de partida. Andrés Sánchez Robayna lo llama «principio de paramorfía», y lo define como reinvención de la realidad material o sígnica del poema de origen vertida en el juego rítmico, en la dimensión musical de las palabras, de manera que en el poema de destino se produzca una «recomposición»[5]. Este subterfugio de la equivalencia tiende a consagrar como natural e incluso interesante el fracaso al que se ve inexorablemente abocada toda traducción a causa la naturaleza misma del lenguaje poético, una naturaleza que convierte en intraducible cualquier configuración poética y el hecho poético mismo. Pero el isomorfismo de los textos es un asunto complejo en la práctica: lo cierto es que en el caso del paso de un texto con marcas versales (métricas, por ejemplo) a otro que no posee tales marcas, la traducción está cambiando no sólo la configuración poética (cosa que siempre ocurre, aunque se traduzca la rima en rima) sino también el criterio de lo poético. No estoy opinando sobre la legitimidad o no de este hecho, estoy tratando de atisbar las implicaciones de esta cuestión en nuestra cultura poetológica. La pregunta es qué isomorfismo puede existir en el trasvase de una poética normativa a una poética que ya no lo es. Lo que está en cuestión es la noción misma de isomorfismo, pues las nociones de lo poético que funcionan en el texto de partida y en el texto de llegada no guardan homología: la ausencia *de facto* de criterio poético en nuestros días pone en entredicho la operatividad del iso-

---

[5] Vid. Sánchez Robayna, Andrés: «Traducir, esa práctica» en *Poesía en traducción* (Jordi Doce ed.), Círculo de Bellas Artes, Madrid, 2007, pp. 228 y 232.

morfismo, puesto que lo poético no se sustenta verdaderamente en una *forma*.

La adopción de un sistema de autodeclaradas equivalencias poéticas en el texto traducido está, de una parte —y como ya se ha dicho— , reconociendo de modo implícito la imposibilidad de la traducción de poesía; pero, de otra, está reivindicando una autonomía poética. La autonomía reside en el hecho de que la traducción poética no define o sistematiza su grado y forma de parentesco poético con el texto de origen; es la propia traducción la que inventa, para cada caso, su isomorfismo poético con el original. Esto, en última instancia, está sugiriendo que, si no hay legislación isomórfica, la traducción ha de ser evaluada poéticamente en sí misma, y han de ser escuchadas las razones privadas con las que ella misma defiende su parentesco con el original.

Esta actitud del traductor-poeta es compleja e incluso contradictoria: por un lado reivindica el solipsismo del que también hace gala el poeta hoy en día, defendiendo su derecho a declarar poético su texto. Pero por otro lado, contrariamente al autor-poeta, el traductor trata de defender razonadamente este carácter poético de su obra invocando el sistema de equivalencias o isomorfismo que él mismo ha inventado. Naturalmente, está intentando demostrar el parentesco de su poema con el original. Pero además está indirectamente pidiéndole a su propia traducción que exhiba un carácter poético reglado que quizá al original no se le exige (en el caso, por ejemplo, de un poema actual no acogido a poéticas definibles formalmente). Cierto que invocar tan impreciso isomorfismo pudiera hacernos sospechar que el traductor está ocultando su libre albedrío de poeta tras una cortina de razones críticas que son humo. Pero, al menos desde el punto de vista de la escenificación de su trabajo, el traductor se está comportando antes como crítico literario que como poeta: o como un poeta sancionado por el crítico literario que él mismo es.

Estos solapamientos de figuras en un mismo ejecutante de traducción, conducen a una extrema dificultad a la hora de hacer crítica de la traducción poética. Pareciera que, hoy, el reproche que se le puede hacer a un traductor de poesía no es que no sea poeta (puesto que no hay criterio poético), sino —como mucho— que no sea poeta que sepa escribir en cierto molde (el del poema de origen u otro isomorfo a éste que el propio traductor se dé). Es decir, que en el fondo, lo que se le estaría reprochando es que fuera un mal lector o analista de poesía por no saber leer las marcas poéticas del original, o por no saber encontrar un sistema equivalente de marcas poéticas para el texto de destino que resulte convincente para su lector. Reproche este último que no se le haría nunca a un poeta actual. Como se ve, la figura del analista es al menos tan necesaria como la del poeta en la terna que articula la entelequia que es el traductor (recordemos: poeta, analista, lingüista). Como se ve también, al traductor se le aplican unas exigencias poéticas que no se le aplican al poeta, pues se le pide isomorfismo con el texto de origen aun en el caso de que éste no responda a criterio poético preciso y no declare cuál es su ahormamiento poético.

La diferencia de las exigencias poéticas que se plantean al poeta y al traductor de poesía revela que la traducción es hoy más dependiente de la tradición, de la cultura y de la historia literaria que la propia poesía. En la traducción aun funcionan las viejas nociones de autoría, autoridad y criterio poético, nociones ya muy revisadas por nuestra cultura en el terreno de lo poético. La poética actual, que se ha querido a sí misma rupturista e independizada de las poéticas anteriores, ha delegado la responsabilidad última de lo poético en su autor: en última instancia, no es el texto quien avala su naturaleza poética, sino el autor. Este desplazamiento de la responsabilidad —ya se ha apuntado— es un movimiento generalizado en el arte contemporáneo: es arte lo que el artista dice que es arte (lo que tiene proyecto estético). Pero en lo que se refiere al traductor, las cosas son más confusas: al traductor no se le concede un estatus de artista más que si lo demuestra por procedimientos críticos inscritos de un modo u otro en el texto, es decir, si logra convencer de que en su texto está presente el isomorfismo poético con el original. En resumen, el reconocimiento de su estatus de poeta es condicional, y, consiguientemente, al traductor no se le reconoce la autoridad que se deriva de la autoría. No se le reconoce como autor en el sentido actual. La indefinición de la poética actual procura esta desventaja al traductor.

La ausencia de un criterio poético formalizable produce también extrañas alianzas entre relativismo y severidad: sin ahormamiento poético descriptible, el sentido se erige en árbitro de autoría a la vieja usanza, y pregunta: ¿cómo el traductor va a ser autor de su texto traducido si éste cuenta lo mismo que el texto original de tal autor? La pregunta implica que un contenido sólo puede tener un autor. Pero, curiosamente, esto —que la traducción acepta de manera obsoleta— ya no lo acepta para sí —al menos en el plano teórico— la literatura de nuestros días (lo cual entraña contradicción con el déficit de especificidad formal de la poesía actual). La idea de originalidad —la idea de texto surgido *ex nihilo*— no es ya un criterio que decida sobre la naturaleza poética o no poética de una obra o de un texto. Y si la literatura ha revisado y matizado su noción de la originalidad, quizá también pudiera hacerlo la traducción: a la hora de considerar la traducción como creación de autor no debería pesar negativamente su acarreo de contenidos de otro texto previo. El escritor británico Evelyn Waugh decía: «La traducción se instala en el puro placer de la escritura, al margen de la miseria de tener que inventar»[6]. Es sabido que la originalidad no ha sido un valor constante a lo largo de la historia literaria (ni la originalidad de tema ni tan siquiera la del discurso), y lo que hoy es plagio en otro momento fue literatura. Ciertamente, desde la modernidad, la idea de originalidad se restituyó como criterio autorial y como criterio poético, pero, en nuestros momentos postmodernos parece que está nuevamente retrocediendo, asociada a concepciones intertextuales de la literatura o a prácticas como las que propician la red de redes y sus hipertextos. Las posiciones literarias contemporáneas nos han enseñado que la intertextualidad es una práctica literaria legítima, aún más, que todo es intertextualidad de algún modo. Y no hay nada en ello irrespetuoso con nuestros antecesores en la escritura. La manipulación del texto anterior es un modo de respeto en nuestros códigos culturales actuales.

---

[6] Citado por Moreno, Luis Javier: «El día a día de Robert Lowell» en *Poesía en traducción* (Jordi Doce ed.), Círculo de Bellas Artes, Madrid, 2007, p. 182.

Consideraciones de este tipo son las que podrían estar detrás de hipótesis como la que lanza Jordi Doce: «que la escritura poética no es sino una variante de una tarea superior, la traducción poética, o, por decirlo con brevedad sentenciosa, que *escribir* es siempre *traducir*».[7] Dicho de otra manera: en toda escritura se hace venir y se entreteje un texto previo.

Pero para no poner las cosas en extremos difícilmente aceptables, digamos que, en la práctica, conservamos una idea de autoría y de originalidad vinculada con la forma en que se expresan los contenidos. Es obvio que este consenso práctico pelea con la falta de criterio y de ahormamiento poético declarable de la poesía actual. Aunque tal idea práctica de autoría atañe a todos los géneros, es particularmente significativa para la poesía, género que no se define por el nivel de su significado y que no depende del volumen ni de la complejidad de sus contenidos. Por esta razón, yo prefiero acogerme a la concepción de lo poético declarada al principio de estas páginas: es la forma, la activación de las cualidades físicas de la lengua y el sentido que éstas engendran lo que determina la poeticidad de un texto; esta activación engendra una forma descriptible, que no necesita encajar en poéticas normativas de otros siglos, pero que sí admite principios de funcionamiento. Es esta forma distintiva la que permite que, por escasos o insignificantes que sean los contenidos, la poesía tenga autor. Y si la traducción de poesía es capaz de actuar en el segundo y tercer niveles que requiere el texto poético, por muy

---

[7] Doce, Jordi: «Poesía en traducción» en *Poesía en traducción* (Jordi Doce ed.), Círculo de Bellas Artes, Madrid, 2007, p. 243.

dependiente del original que sea el primer nivel —el de los contenidos—, la traducción de poesía tiene también autor poético y no sólo autor traductor. Es decir, que es posible demostrar la condición de poeta del traductor mediante un trabajo analítico que evidencie la existencia de una forma particular en el texto traducido, una forma que, además, ha de ser isomorfa a la del texto original. Dicho de manera sintética: en la traducción es la figura del analista literario la que avala la del poeta; y estas dos figuras son dos caras diferentes de un mismo traductor. De todo lo cual cabe deducir lo siguiente: si la faz de crítico privaba al traductor de ser autor-poeta en el contexto de esa poética actual que *de facto* renuncia a lo formalizable, en la poética que yo he defendido el crítico trabaja para convertirse en autor-poeta.

En el río revuelto de la traducción, la práctica traductora a veces exhibe —sin alzar la voz teórica— actitudes en las que se transgrede la idea de autoridad y de dependencia heredadas del antiguo régimen de la traducción. Es cierto que, en la escritura poética que hace el traductor hay, como ya he dicho, una coerción que se da el traductor: la dependencia de un texto previo. Pero las actitudes traductoras transgresoras tienden a considerar que la condición dependiente del trabajo del traductor de poesía no es ancilar: es una elección de marco poético que podría asemejarse a la de cierta poesía temática (por ejemplo la «poesía de circunstancias», por ejemplo la «poesía social») o a la elección formal que se produce en la poesía con molde versal medido o con molde estrófico. Con semejante actitud, el texto previo se convierte en pretexto, se me dirá. Y la respuesta es: ¿por qué no? ¿Por qué no romper el modelo clásico de «original/traducción» en favor de otros modelos sugeridos por otros campos de nuestra cultura actual? Quizá fuera posible adoptar el modelo de, por ejemplo, el simulacro, o el de la variación, o el de la copia entendida en términos deconstructivos de repetición y diferencia. O quizá la manipulación del original pudiera hacerse invirtiendo los polos de la traducción clásica (que pedía respeto para el significado y admitía cambios en el significante): quizá la traducción de hoy pudiera pensar en conservar la forma y disponer libremente del fondo, amparada en la creciente importancia que en nuestra cultura tiene el formato frente al contenido. Algo de ello se atisba en algunas traducciones, entre las que pretende contarse la de nuestro *Herodías* de Mallarmé. Pero no voy a perderme en modelos teóricos. Quiero simplemente señalar que la díada «original/traducción» podría estar dejando de ser modelada por el principio de respetuosa mímesis que parece haber ya periclitado en el terreno del arte y en el de la representación en general.

Como se puede ver por todo lo hasta aquí expuesto, mi experiencia de traducción, que he calificado de modesta, no se priva, sin embargo, de reivindicar un estatus para el traductor que el propio poeta podría envidiarle.

II. PLACERES DE LA TRADUCCIÓN

He escrito también al principio de estas líneas que mi experiencia traductora es de aficionada. No sé si lo es por la calidad de mis traducciones, pero sí lo es por la afición que le tengo al proceso de traducción. Sin duda la traducción me reporta placer, y ese placer es poético y de creación. Pero creo que ese placer se desdobla en otro que no desdeño: un placer de orden intelectual. Todo traductor que se confronta a un problema de traducción adquiere un saber analítico de la lengua que podría dar lugar a explicaciones llenas de matices; la traducción se convierte en una lectura de posesión: el traductor posee al texto que ha de traducir más que ningún lector, lo posee en un sentido casi físico, la inteligencia —es decir, la interlectura, la lectura de su interior— lo penetra en sus calidades y en sus renuncias. La fase analítica de la traducción de poesía me interesa mucho: cuando, por ejemplo, me lleva a descubrir que la escritura de Cioran tiene casi un carácter oral. O cuando al traducir selecciones de poemas pertenecientes a poetas diferentes, la contigüidad de unos con otros evidencia no sólo sus diferencias, sino las diferencias de mis propios modos de traducir a unos y otros. O cuando reviso trabajos de otros traductores y me sorprendo razonando sus hallazgos, que a mí no se me ocurrirían.

El traductor es un lector privilegiado. Dice al respecto Jorge Riechmann: «Traducir un poema es leerlo de manera esencialmente intensa y rigurosa, desentrañando toda ambigüedad o —cuando la ambigüedad es un rasgo constitutivo del poema, o un procedimiento poético empleado por éste— iluminando su razón de ser; el traductor, al contrario que el lector superficial, no puede permitirse entender a medias ni engañar fingiendo que entiende. [...] las mentiras quedan a la vista, incorporadas al texto en forma de errores de traducción. [...] Traducir exige siempre situarse con respecto a la obra traducida.»[8] Puesto que la literalidad del poema no es nunca, en poesía, el sentido del poema, yo creo que es necesario el análisis poético para traducir poesía, y creo que tal análisis es una fuente de placer, un placer basado en la posesión intelectual. Tal posesión intelectual no se priva de tener su propia vena creativa: el análisis literario de un poema inventa posibilidades de sentido al poema trabajando sobre la manera en que éste expresa su sentido. Las constataciones del analista son, a la vez, descubrimientos de lo que hay en el poema e invenciones suyas: como bien sabían los trovadores, en poesía «encontrar» es lo mismo que «inventar».

El analista que todo traductor lleva en su seno desafía con la complejidad de su lectura al poeta que él mismo es. A veces el analista es más competente que el poeta; ésta fue precisamente mi experiencia cuando traducía en soledad *Herodías* de Mallarmé: yo no era bastante poeta para tantas cosas como leía en el texto. Como contaré después, esto era para mí causa de insatisfacción; pero no puedo esconder que la propia lectura analítica era también para mí causa de disfrute. En esa lectura analítica que pide la traducción, se combinan diferentes ingredientes placenteros: uno es la aventura, puesto que hay descubrimientos y dificultades; otro es la creatividad, puesto que lo que lee el analista no está, en puridad, escrito en ningún sitio; otro es el juego, pues existe en esa lectura cierta dosis de aleatoriedad, de combinatoria fortuita. Invocar el juego en este contexto analítico literario no debería extrañar; ya Michel Picard decía que la literatura era «la lecture comme jeu», y

---

[8] Riechmann, Jorge: «El amor del trujamán» en *Canciones allende lo humano,* Hiperión, Madrid, 1998, p. 111.

aseguraba que «l'effet littéraire n'est concevable que pour le joueur expérimenté»⁹.

La lectura analítica no debe confundirse con la interpretación caprichosa de un texto. Como precisa Andrés Sánchez Robayna, «en el seno de la poesía moderna, marcada en buena parte no por la reproducción de la realidad, sino por la creación o invención de realidad verbal, muchas veces no hay, en rigor, nada que «explicar» o interpretar, sino una realidad que poseer o experimentar poéticamente. […] Se entiende que esa interpretación no es la que toda traducción lleva inevitablemente consigo en su proceso, sino aquella otra que implica lo que llamo un cambio de código, una explicación, esto es, un cambio de naturaleza y, más aún, una desnaturalización.»[10] Dice esta cita que el traductor ha de poseer o experimentar poéticamente una realidad verbal, y tal es la actitud que sustenta otro de los placeres de la traducción: el del contacto físico con el lenguaje, un contacto potenciado por el hecho de que siempre hay diferencia física entre las dos lenguas que maneja el traductor. Es éste un placer en que se implica el cuerpo del traductor, cuerpo que percibe y modela la lengua de manera única dejando en ella algo así como una huella física. Como afirma Olvido García Valdés: «se escribe con el cuerpo, pues que el alma es el cuerpo», y «su cuerpo [de poeta] no es mi cuerpo [de traductor]»[11]. La traducción es el

---

[9] Picard, Michel: *La lecture comme jeu,* Minuit, 1986, p. 312 y p. 242.

[10] *Op. cit.,* pp. 211-212.

[11] García Valdés, Olvido: «De la imposible tarea de traducir poesía» en *ABC Cultural,* 1 de octubre de 1998.

producto de un metabolismo. Se escribe siempre con el cuerpo, pero en el caso de la traducción hay una «ingesta» de un texto previo, hay un producto que el cuerpo que lee ha de desentrañar en sus propias entrañas, y con el que ha de fabricar un nuevo producto.

Al frenesí de posesión que se deriva tanto de la lectura analítica como de la incorporación física del lenguaje en el propio cuerpo, el traductor impone discreción: su traducción habrá de decir sólo elípticamente esa posesión, el texto traducido no la explicará. Al ímpetu de posesión y análisis sucederá pues una imposición de contención y síntesis en la expresión. Pero hay además otros diversos mecanismos de contención que funcionan en la traducción, y que potencian el placer de ésta por la misma vía que la contención potencia otros placeres vitales. Tener que sujetarse a parámetros poéticos que reconstruyan los del original que se traduce implica contención y restricción. Por ejemplo, atenerse al verso medido; conozco el caso por haber vertido los eneasílabos y endecasílabos de Jacques Ancet en versos medidos castellanos. El sistema de espera de la confirmación de un modelo que la versificación instala en el poema no funciona sólo para el lector, sino también para el poeta, y en este caso para el traductor poeta. Conformarse a ese modelo, satisfacer esa espera, es un placer para el traductor; un placer que no sólo es mecánico, que no sólo es rítmico; es además un placer derivado de la eficacia, del ajuste de la economía lingüística, que ha sido capaz de hacer las cosas —de hacer el verso— a la medida. Hay, además, una euforia particular en ese tipo de trasvases que se engendra en la propia rítmica: una especie de compulsión que necesita de una vigilancia posterior de lo traducido, pues la medida rítmica a veces va más deprisa que el pensamiento; las soluciones de traducción le pisan a veces los talones y hasta los pies al análisis para adelantarlo, con lo que se suelen producir resbalones. Pero ese ímpetu es también una forma de placer.

Estoy hablando de placeres de traducción que tienen raíz vital e incluso libidinal. No creo que la traducción se viva íntimamente como un servicio a la cultura o a los lectores que no manejan una lengua. Creo que, incluso para el filólogo, el gesto de la traducción le implica más como experiencia emotiva, intelectual o poética que como mediación cultural. En ello pesa el hecho de que la traducción es un trabajo mal pagado (y en el caso de la traducción de poesía, muy mal), y que su ejercicio tiene un prestigio que no se corresponde con la abundante filosofía que en los últimos tiempos la rodea. La situación podría incluso llevarnos a comentar con ironía que ese «don de la langue» y esa «hospitalité langagière» de las que habla Ricoeur son dádiva y hospitalidad que se ofrecen a expensas de los muy magros ingresos del traductor. Estas circunstancias, de las que los traductores se duelen hoy pública y privadamente, me permiten sospechar que hay más orgullo en proporcionar una versión propia de un poema que en prestar un servicio a lectores no políglotas.

La traducción, ya se ha sugerido con anterioridad, se ve tensada por dos vectores que tienen que ver con el juego y con la competición: son el riesgo y el desafío. Estas tensiones de la actividad son también fuente de placer, tanto en la traducción como en cualquier otro campo. Ambos —el riesgo y el desafío[12]— están en origen provocados por la propia naturaleza de la literatura, que es la única de las artes que posee traductibilidad dentro de su propio material compositivo. Una traducibilidad restringida, pues no hay equivalencias totales de significado entre los significantes de las distintas lenguas. La imprecisión de los cálculos que hay que efectuar en el trasvase de una lengua a otra es lo que desafía al traductor: lo desafía en el terreno de una eficacia que no está reglada, y que le hace correr riesgos; y ésta es una diferencia esencial con, por ejemplo, el ejercicio de armonía o de transporte (transposición) que hace el músico, y que, dentro de su complejidad, sí posee reglas determinadas a priori. El traductor, como mucho, inventa las suyas propias, reglas que, además, no son válidas más que para una traducción. Se arriesga a equivocarse, acepta el desafío que supone ese riesgo.

Los desafíos del traductor van hacia su propio texto, pero también van hacia el texto de origen. Mejorar el texto de partida es la inconfesable vocación del traductor, y, bajo su servicial apariencia de dependencia del texto original, el traductor se mide con él y fabula la rendición del texto de origen ante el texto de destino. Origen y destino: dos palabras que le vienen al pelo en su ensoñación heroica. La traducción tiene algo de gesto agónico en el que se enfrentan dos idiolectos. Luego, con la lectura reposada, vendrá el recuento de las ganancias y las pérdidas, una evaluación que suele reponer al traductor en la modestia necesaria.

---

[12] El primer capítulo del libro de Paul Ricoeur *Sur la traduction* (Bayard, 2004) se titula «Défi et bonheur de la traduction».

Pero en el acto de traducción, los momentos de megalomanía vienen a menudo no del enfrentamiento de textos sino de la superposición en una sola cabeza del pensamiento en dos lenguas. Pensar en dos lenguas al tiempo o poseer dos lenguas en una sola (física), produce un desdoblamiento del lenguaje que conduce al desdoblamiento de la realidad: es como comprender el mundo desde dos posiciones distintas o mirar un paisaje desde dos perspectivas simultáneas. Se da aquí lo que podría llamarse un placer de ampliación de las fronteras de lo real por medio del lenguaje. Es la amplificación del pensamiento la que provoca esta visión poliédrica de la realidad, y por ello el traductor percibe esta experiencia como íntima y difícilmente comunicable a la vez que le parece ejercer sobre ella cierta capacidad de control. A veces el traductor está cerca del desvarío.

Poseer, por así decirlo, una lengua bífida capaz de pronunciar dos discursos a un tiempo, encandila a la propia boca que los pronuncia. Bien es cierto que, en una lengua bífida, partida por la mitad, hay siempre una hendidura por la que se puede escapar una parte de la poesía cuando pasa de una mitad a la otra. Ya decía la conocida máxima de Robert Frost, el poeta estadounidense, que «la poesía es aquello que se pierde en la traducción»; la poesía es quizá eso que se escapa en la hendidura que separa las dos lenguas, pero la poesía es también lo que se crea en la lengua en la que habla la traducción: la lengua bífida del traductor deja caer la poesía del original a través de su hendidura, pero la deja caer dentro de su boca, donde la reconoce, la degusta, la hace propia mezclándola con sus fluidos y la devuelve a la segunda mitad de su lengua como traducción.

Hay que precisar, sin embargo, que el caso del traductor (y en particular del traductor de poesía) no es el mismo que el del intérprete, pues al traductor le da tiempo a percibir durante su ejercicio la distancia existente entre las dos lenguas, mientras que el intérprete se haya inmerso en un vaivén que funciona por automatismos. Mi corta experiencia de interpretación se resume en una sensación de enajenamiento, en un estado similar al de un arrebato de la conciencia, en el que las capacidades intelectuales funcionaran por sí solas; en la interpretación me parece que se reúnen dos extremos: el de control megalómano con el de descontrol más alienante (dichos sean estos términos sin asomo de ánimo peyorativo). La experiencia de la traducción literaria escrita es diferente, porque su *tempo* permite una actividad analítica que descompone los ingredientes de ese aparente sincretismo de lenguas. En la traducción, la conciencia es capaz de presenciar (y razonar) su propio arrebato. Y, en la traducción de poesía, tras presenciarlo y razonarlo, la conciencia traductora decide dejar de serlo para convertirse en conciencia poética.

III. EXTRAÑEZA Y EXTRAÑAMIENTO

Dos lenguas son dos formas de pensar el mundo, dos maneras de recortar lo existente, la experiencia, las formas de la afectividad, las formas del razonamiento. El surgimiento en el acto de traducción de dos recortes diferentes del mundo, de dos mundos que nunca coinciden del todo, crea un tipo de experiencia que no sólo es de poder, es también de extrañeza: «traducir nos abre a una experiencia impagable, la experiencia de la extrañeza», dice José Miguel Marinas[13], y Miguel Casado completa: «La traducción incorpora una extrañeza que abre el aprendizaje de la extrañeza que toda poesía forzosamente es»[14]. La extrañeza es aquí una experiencia cultural[15], es la experiencia de una cultura «otra», pero también es una experiencia íntima de extrañeza. Hay una cierta disociación en uno mismo que puede emparentarse con la psicodelia y su efecto intensificador de la sensibilidad (en este caso lingüística), intensificación mediante la cual las calidades del lenguaje se tornan particularmente agudas y engendradoras de sentido: esto ocurre en la poesía, en la traducción de poesía y, también, en la simple traducción. Pero la experiencia de extrañeza tiene como prolongación la experiencia de extrañamiento: un alejamiento de los propios modos usuales de percepción lingüística y de lectura. Hay extrañamiento de uno mismo, y hay también extraña-

---

[13] Marinas, José Miguel: «La corteza de la letra: sobre ética de la traducción». Ceremonia de Entrega del II Premio Panhispánico de Traducción Especializada, Cartagena de Indias, 28 de marzo de 2007; <http://dtil.unilat.org/panhispanico/edicion2/jose_miguel_marinas.htm> (12/06/08).

[14] Casado, Miguel: *Deseo de realidad,* Ediuno, Ediciones de la Universidad de Oviedo, Oviedo, 2006, p. 101.

[15] Andrés Sánchez Robayna concibe la traducción de poesía como movimiento que se imprime a la tradición literaria, y en última instancia a la cultura literaria: «En este sentido puede decirse que todo poema traduce la tradición literaria, es decir, la lleva hasta otro lugar, la mueve o la moviliza. Un poema, consecuentemente, será tanto más notable cuanto más lejos mueva, lleve o *traduzca* la tradición recibida.» *Op. cit.,* p. 208.

miento del mundo: no es sólo que al cambiar de lengua cambiemos de cultura y por ello de mundo, es que el traductor convierte al mundo en «otro» mundo por el solo hecho de ahormarlo en otra lengua. Lo altera, lo recorta de otro modo, y también le proporciona alteridad. Por ello la traducción es en sí misma un ejercicio ético, en el sentido de que ejercita su conciencia de la diferencia de la otra lengua, del otro texto.

En el acto de traducción el traductor, ciertamente, vigila la corrección de la lengua de destino, es más, a veces ejerce una sobrevigilancia que la endurece. Todos nos hemos sorprendido a nosotros mismos, por decirlo vulgarmente, «enderezando» en nuestro texto la sintaxis que el original ofrecía tortuosamente o con desfallecimientos que eran rasgos de estilo. Es éste el caso del poeta que ha forzado su propia lengua en el texto de origen, y el del traductor que no se atreve a ejercer sobre su lengua un forzamiento semejante o equivalente. A menudo se produce ese primer momento en el que la timidez traductora nos hace agarrarnos a la extrema corrección de nuestra lengua: tememos la intrusión de la sintaxis del texto de origen —y en general la intrusión de la lengua de origen— en nuestro texto de destino. Yo interpreto esta timidez como una reacción al extrañamiento que se produce al pasar de una lengua a otra: un cierto vértigo del que nos defendemos haciéndonos conservadores. Sin embargo, tampoco me parece aceptable la afirmación del pensador y poeta alemán Rudolf Pannwitz (al menos en su interpretación más literal): «El error fundamental del traductor es que se aferra al estado fortuito de su lengua, en vez de permitir que la extranjera lo sacuda con violencia»[16]. Lo que ha de sacudir la lengua del traductor no es la lengua extranjera, sino una pulsión poética semejante a la que habita en el texto de origen: no la lengua, sino la poesía. La poesía posee en su propia naturaleza ese extrañamiento que modifica el mundo de los significados y los lanza a otro sentido, la poesía introduce en su propio seno la alteridad del lenguaje. Deleuze, en la estela de Proust, decía que el estilo es tratar la propia lengua como lengua extranjera, y que un gran escritor «talla en su lengua una lengua extranjera»[17]. Esto no es exactamente lo mismo que decía Pannwitz: inventar una lengua extranjera dentro de la propia no es permitir que una lengua extranjera concreta y preexistente venga a modelar la lengua propia. Lo primero es un asunto poético, lo segundo una simple importación lingüística. En suma: en la poesía, la lengua se deja extrañar, se deja conducir y seducir hacia otro sentido. La traducción no poética se asemeja ya al acto poético en que es acto de extrañamiento, y en ella la alteridad se manifiesta en la diferencia de recorte de la realidad que producen los signos lingüísticos en dos lenguas. La traducción poética, por su parte, suma dos alteridades, dos extrañamientos: la propia de la traducción y la de la poesía. El traductor de poesía se exilia dos veces.

Cada lengua recorta el mundo y la existencia a su modo: esa es la clave de todos los problemas de traduc-

---

[16] En *Crisis de la cultura europea* (citado por Gallego Roca, Miguel: «Cómo hacer callar a los epígonos» en *Poesía en traducción* (Jordi Doce ed.), Círculo de Bellas Artes, Madrid, 2007, p. 40.

[17] Vid. Deleuze, Gilles y Parnet, Claire: *Dialogues,* Flammarion, 1977.

ción. Jorge Riechmann, reputado traductor de René Char, recuerda la distinción establecida por Hjelmslev tanto dentro del plano des contenido como dentro del plano de la expresión en las lenguas: en ambos planos existe una sustancia y una forma. En el plano del contenido, la sustancia es «la realidad, mental u ontológica; la forma es esa misma realidad tal y como se halla estructurada por la expresión»[18]. Riechmann rescata además la afirmación de Jean Cohen: «Mientras que la traducción sustancial es posible, la formal no lo es». Sería cosa de preguntarse, por ejemplo, qué podría hacer un traductor con un texto en el que apareciese la decena larga de términos que los esquimales tienen para nombrar lo que en castellano sólo es «nieve». Imposible traducir la docena de formas de contenido en que se reparte la sustancia del contenido de «nieve»: no es que no tengamos palabras que expresen tales formas del contenido, es que no conocemos tales formas de contenido. Así pues, como sostiene Riechmann, la traducción es una operación lingüística en la cual la sustancia del contenido de un mensaje es trasladada, y la forma de su contenido es recreada.

Pero cabe añadir aún otra consideración a lo expuesto por Riechmann. En la traducción en sentido lato, el traductor no aborda el plano de la expresión (el significante), pero en la traducción de poesía es necesario hacerlo. La solidaridad de los planos del contenido y de la expresión es esencial en poesía; aún más: la poesía se define como género en virtud de tal solidaridad, y ello aunque no se expliciten las reglas que la fundan (eso es ya asunto de cada época o tendencia estética). El caso es

---

[18] Riechmann, Jorge: *Op. cit.,* p. 105.

que, además de recrear la forma del contenido en la lengua de destino, el traductor de poesía ha de crear una fórmula de solidaridad entre el plano del contenido y el plano de la expresión en esa lengua de destino, fórmula de solidaridad que sea, de algún modo, translación o equivalencia de la solidaridad que se da entre ambos planos en la lengua de origen: esto es lo que con anterioridad hemos llamado «isomorfismo». Hay pues un doble acto creativo en la actividad del traductor poeta, y es en esta segunda parte donde el traductor se hace poeta. En la primera parte son traductores filólogos y traductores lingüistas los que mandan. Pero para ambas partes se necesita la lectura poética que sólo puede ofrecer el traductor analista: él es quien percibe la fórmula de solidaridad entre contenido y expresión en el texto de origen; él es quien refrenda tal fórmula en el texto de destino: no es quien la crea (ése es el traductor poeta), pero sí quien la legitima como traducción y no como simple y directa poesía independiente de un texto de partida.

Las colaboraciones entre las tres figuras en que se escinde un traductor de poesía han de ser pues estrechas y armonizadas, y su ocurrencia más cómoda es que remitan las tres a la misma persona. Sin embargo, el trabajo de traducción de poesía, en su propia complejidad, está admitiendo la posibilidad de disociar las competencias. Por eso existen traducciones de poesía a varias manos, por eso cada vez hay más traducciones en las que se aúna la experiencia de un filólogo a la solvencia de un poeta. Las cosas no son sencillas, porque el reparto de trabajo en sentido estricto no es posible. Hay que repartir y compartir; y sobre lo que resulte, volver a repartir y compartir, y así llevarlo y traerlo procurando que no se caiga mucha materia prima con tanto traslado. Si una traducción es pensar de dos maneras con una sola cabeza, y la traducción de poesía es además sufrir dos extrañamientos, añadir otra cabeza a la operación parece ya meterse en demasiados trajines. Eso fue lo que yo pensé cuando mi padre y yo nos pusimos a traducir *Herodías* de Mallarmé[19]. Sin embargo, el proceso me convenció de sus bondades. Y contarlo quizá tenga algún interés. Como se va a ver, se trató, esencialmente, de pactar una escenificación externa de lo que de otro modo sólo hubiera ocurrido en la intimidad de una sola cabeza (una cabeza que reuniera la de una filóloga más o menos avezada y la de un poeta, éste sí, poseedor de un sólido y personalísimo lenguaje poético).

IV. TRADUCIR CON UN POETA

El caso es que, hace ya varios años, mi padre, Antonio Gamoneda, me propuso que hiciéramos tal traducción a medias. Creo que el texto tenía tres atractivos para nosotros, además del poético evidente: uno era que *Herodías* es obra que Mallarmé abordó en diferentes momentos de su vida durante más de treinta años y hasta el momento de su muerte: es pues una obra esencial. Otro atractivo era que *Herodías,* obra inconclusa, está además sembrada de numerosos huecos, falta de versos o términos que no comprometen su carácter poético pero sí en cierto grado la comprensión del texto. Un texto, y éste era el tercer

---

[19] Gamoneda, Antonio y Gamoneda, Amelia: *Mallarmé. Herodías,* Abada, 2006.

atractivo, al que la dificultad de comprensión de ciertos tramos ha contribuido a proporcionar un particular tipo de aura poética. Sospecho que estas características fueron implícitamente evaluadas por nosotros del modo siguiente: una obra que se resiste al trabajo de toda una vida y que sigue interesando a una vida entera aunque se le resista, merece al menos un verano de un traductor (o de dos traductores) aunque también se les resista. No pasa nada si fracasamos: el fracaso es ley de la traducción, es, además, parte de la leyenda de esta obra de Mallarmé. Por otra parte, una obra que tiene zonas inconclusas pero que se afirma como poética, tiene una intriga por resolver: ¿por qué no pudo terminarla Mallarmé? ¿Por qué contiene huecos y vacíos? Además los vacíos asustan más al lector que al traductor; al traductor incluso le atraen, pues está acostumbrado a componer su texto con la conciencia de que no puede traducir todo del texto de origen: es decir, en cierta manera el resultado de la traducción horada y vacía siempre ciertas zonas del texto que traduce. Así pues, lo que era un inconveniente en principio podía, de hecho, resultar un aval para la traducción. Al menos así me lo parecía.

Yo creo que por parte de mi padre —además de por las mencionadas y evidentes razones poéticas que ofrecía el texto— la tentación de traducir *Herodías* vino también no a pesar de los huecos y la falta de versos, sino precisamente a causa de ellos. No pienso que se plantease exactamente terminar lo que el poeta del XIX dejó sin hacer, sino que más bien interpretaba esos huecos como invitaciones a la colaboración poética. La colaboración poética iba a producirse de todos modos por el simple hecho de que toda traducción de poesía ha de operar creativamente en el tercer nivel, en el nivel poético; si se traducía, la colaboración poética era entonces obligatoria, entraba a formar parte del mecanismo propio de la traducción de poesía. Los huecos no estorbaban pues a mi padre, creo incluso que los agradecía como gestos silenciosos de bienvenida. Creo además que luego le sirvieron de trampolín para realizar ciertas incisiones en el texto que le permitían instalar sus propios muebles poéticos. Y es que mi padre se planteaba la traducción como una «mudanza» a la casa poética de Mallarmé. «Mudanza» es el término genérico que él da a esas incursiones traductoras en la poesía ajena. Un término —el de «mudanza»— que, naturalmente, no tiene para él el sentido inmobiliario que yo le estoy dando aquí, sino más bien el de cambio de piel poética.

Yo también tenía mis intereses en el caso: como filóloga el texto me prometía dificultades apasionantes. Tengo que decir que no me vi defraudada: la sintaxis de *Herodías* era algo que existía, por mucho que la lectura de corrido en francés no la revelara fácilmente. Mallarmé no era un poeta de despistes sintácticos, no podía serlo después de tantos cuidados de escritura y de la matización de pensamiento mostrada en sus escritos teóricos. Así que me encontré siguiendo los hilos de aquella madeja con una intensidad que hizo que deseara mostrar por escrito los resultados analíticos. Cuando dejé mi texto en manos de mi padre lo que ofrecí fueron esos hilos puestos en líneas de versos: me había ocupado sólo del primer nivel de la traducción (de la traducción de la sintaxis y del significado); del segundo nivel de la traducción había anudado ciertos cabos, pero el tercero ni lo había ni olido. Mi padre se puso a lo suyo, y cuando me devolvió su versión discutimos línea por línea durante tardes enteras. Yo sentía que toda mi inteligencia del texto quedaba obviada en los versos que mi padre proponía, así que me empeñaba en evidenciar el trabajo previamente realizado, quería ver los versos chorreando de mis sudores analíticos. Me decía a mí misma que, en la estilización de la poesía de Mallarmé, la crítica reconocía implícitamente el esfuerzo analítico-poético que ocultaba, y que esto era un criterio de la calidad atribuida a la poesía de Mallarmé; pero —pensaba yo— nuestros lectores no iban a reconocer de ningún modo el trabajo de descifrado detrás de nuestra traducción. Yo disfrazaba la pataleta por ver desaparecer mis análisis con razonamientos muy ejemplificados que hablaban del trabajo de Mallarmé bajo los versos. Mi padre contestaba que todo eso estaba muy bien, pero que no le interesaba lo que Mallarmé había hecho previamente con la lengua, lo que interesaba era lo que la lengua del poema de Mallarmé hacía en él como lector, y lo que nuestro poema traducido hiciera poéticamente. Así que me encontré otra vez a solas con los papeles para evaluar mis expectativas y las suyas.

Me convencí de que debía inhibir mis impulsos de mostrar con contundencia mi análisis del texto, y traté de leer, más allá de la dificultad de la sintaxis, su efecto; el efecto —y no la dificultad— era lo que debía constituirse en base del isomorfismo[20]. También traté de

---

[20] De modo general, la traducción trató de enfatizar los efectos para suplir la ausencia de rima y verso medido presentes en el original. Lo hizo, por ejemplo, mediante la sustitución de verbos y adjetivos por sustantivos abstractos colocados en lugares estratégicos, mediante la intensificación de ciertos caracteres (relativos a lo regio, a lo sacrificial, a lo dramático), mediante la creación de ecos de sentido o de ciertos desplazamientos del sentido estricto que crean extrañeza.

entender lo que Mallarmé decía sobre la palabra: que era necesario que no llevase consigo sino la sensación de la materia nombrada. Nombrar con precisión la materia en castellano, seguir con exactitud un recorrido de sintaxis, clavar la semántica con lógica estricta: todas estas cosas quizá no interesaran mucho a Mallarmé. Es decir, que en esa fase todo fueron labores de contención. El texto hizo aún unas cuantas idas y venidas entre la filóloga y el poeta. La última mano poética fue de mi padre, pero esta vez ya iba yo de meritoria, y creo que también algo introduje que no correspondía a mi papel escueto de filóloga. De lo que sí estoy segura es de lo que aprendí de nuestro tira y afloja y de la escenificación que habíamos hecho entre los dos de las tres fases de la traducción de poesía que normalmente se producen en silencio y en una sola cabeza: aprendí que la libertad poética en la traducción ni imita ni desdeña lo aprehendido en la lectura analítica del texto de origen, sino que lo metaboliza. Metabolizar es el verbo que me parece describir mejor la operación de la traducción. Y el mejor traductor es aquél que tiene un metabolismo lento: ése que consigue que todo le engorde.

V. DE LA TRAICIÓN A LA TRANSGRESIÓN

Dije al principio que traduzco dispersamente. El peso de la casualidad y las circunstancias de la vida tienen mucho que ver en ello, pero valoro este azar que me permite un contacto poético tan promiscuo. Creo que para este género de escritura que es la traducción me voy a contentar con amores puntuales, creo que voy a practicar una infidelidad que me renueve continuamente los deseos traductores. En este género de escritura me apetecen los atrevimientos y las transgresiones. Ya me he permitido traducir un pequeño libro de mi padre al francés[21], y soy consciente de que, además de traducir a una lengua que no es la mía, esto es casi un incesto poético.

Y es que, puestas a un lado estas pequeñas transgresiones mías, creo que un traductor no es un traidor pero sí un transgresor, y que es transgresora la naturaleza de su trabajo: su transgresión es en cierto modo más radical que la del poeta, con quien comparte la nostalgia de ese sueño o de ese mito de una lengua primigenia que era a la vez poesía, música y ciencia. En aquella lengua no había diferencia «entre poder expresivo y poder de designación objetiva», toda palabra era «celebración y al tiempo llevaba en sí la sustancia de lo real designado», «la lengua asociaba la plenitud de un *saber* a la plenitud musical de su poder expresivo»[22]. Pero aquella lengua paradisíaca se perdió, y ocuparon su lugar las innumerables lenguas, fragmentando la totalidad de sentido. Se sabe que el poeta trata de recuperar aquel tiempo mágico pre-babélico despertando en la lengua una memoria de lo perdido, activando la potencia de sentido pleno que pueda secretamente albergar aún el signo lingüístico. Se sabe que el poeta trabaja así ocultamente en la dilatación y por tanto en la destrucción de la lengua de comunicación que utiliza. El traductor, en tanto que

---

[21] Gamoneda, Antonio: *De l'impossibilité,* Fata Morgana, 2004.
[22] Vid. Starobinski, Jean: «Lenguaje poético y lenguaje científico» en *Razones del cuerpo,* Cuatro, Valladolid, 1999, p. 121.

poeta, anda por esta misma transgresora senda, pero además le añade otra osadía: el traductor, en su trabajo, pretende activar ese sentido pleno como surgiendo del contacto de dos lenguas; dos lenguas que son precisamente los testigos fehacientes de la desaparición de ese sentido pleno, puesto que recortan la realidad en significados, y lo hacen siempre, una frente a otra, de modo distinto. Como el poeta, el traductor de poesía trabaja en la destrucción de la lengua que utiliza, pero lo hace enfrentando una lengua contra la otra, procurando que sean ellas mismas las que, la una a la otra, se arañen para que mane el sentido. El traductor de poesía es el transgresor que, afectando aceptar las leyes de Babel y fingiendo ser su mediador, trabaja para destruirlas. El traductor de poesía es el mago de la torre, el que convence a una lengua para mirarse y reconocerse en otra como en un espejo. No saben las lenguas que en el acto mágico de la traducción perderán lo que las constituye —la precisión recortada del significado— pues habrán de entregarse al sentido pleno para pasar del otro lado del espejo. Lo decía un personaje de la película del egipcio Chahine titulada *La gente y el Nilo:* «traduce el sentido de lo que digo, porque el sentido une, pero lo literal separa». Cuando el traductor une dos lenguas, mana el sentido, canta la lengua única y paradisíaca, aunque bajo las manos del traductor las dos lenguas babélicas nos muestren sus herida.

BIBLIOGRAFÍA

CASADO, Miguel: *Deseo de realidad.* Oviedo 2006.
DELEUZE, Gilles; PARNET, Claire: *Dialogues.* París 1977.

De Man, Paul: *La resistencia a la teoría*. Madrid 1990.
Doce, Jordi: «Traducir» en: *Minerva*, 3, 2006.
—«Poesía en traducción», en: ídem: *Poesía en traducción*. Madrid 2007.
Gallego Roca, Miguel: «Cómo hacer callar a los epígonos» en: Doce, Jordi (ed.): *Poesía en traducción*. Madrid 2007.
Gamoneda, Antonio; Gamoneda, Amelia: *Mallarmé. Herodías*. Madrid 2006.
Gamoneda, Antonio: *De l'impossibilité*. St-Clément-de-Rivière 2004.
García Valdés, Olvido: «De la imposible tarea de traducir poesía» en *ABC Cultural,* 1 de octubre de 1998.
Marinas, José Miguel: «La corteza de la letra: sobre ética de la traducción». Ceremonia de Entrega del II Premio Panhispánico de Traducción Especializada, Cartagena de Indias, 28 de marzo de 2007; <http://dtil.unilat.org/panhispanico/edicion2/jose_miguel_marinas.htm> (12/06/08).
Moreno, Luis Javier: «El día a día de Robert Lowell» en: Doce, Jordi (ed.): *Poesía en traducción*. Madrid 2007.
Picard, Michel: *La lecture comme jeu*. París 1986.
Ricoeur, Paul: *Sur la traduction*. París 2004.
Riechmann, Jorge: «El amor del trujamán» en: *Canciones allende lo humano*. Madrid 1998.
Sánchez Robayna, Andrés: «Traducir, esa práctica», en: Doce, Jordi (ed.): *Poesía en traducción*. Madrid 2007.
Starobinski, Jean: «Lenguaje poético y lenguaje científico», en: ídem: *Razones del cuerpo,* Valladolid 1999.

María del Carmen África Vidal Claramonte

TRADUCIR EN EL SIGLO XXI: NUEVOS RETOS DE LA INVESTIGACIÓN TRADUCTOLÓGICA

> *Así que estoy realmente enamorado de las palabras, y como alguien enamorado de las palabras, las trato siempre como cuerpos que contienen su propia perversidad.*
>
> JACQUES DERRIDA[1]

Traducir es, qué duda cabe, una de las actividades más apasionantes que puede realizar el ser humano, porque traducir es hablar, y hablar es inherente a nuestra naturaleza. Traducir es reflexionar sobre cómo viaja el significado; es hablar desde nuestras palabras en otras palabras con el fin de liberar todas las posibilidades del signo para pensar lo mismo de otra manera, respetando la diferencia y la dimensión de la otredad, respetando la equivalencia pero sabiendo, al mismo tiempo, que es imposible, que siempre será una acción imperfecta, porque siempre quedará algo fuera, oculto, que explica su naturaleza fragmentaria, la imposibilidad de quedar intactos tras el viaje[2]. Traducir es amar el lenguaje y la vida misma, porque vivir es traducir y traducir es vivir, anuncia Lluís Duch en su *Mito, interpretación y cultura*.

---

[1] Derrida, 1990, p. 11.
[2] Gentzler, 2008, p. 2.

Cada acto de nuestra vida es una traducción, una re-presentación de la realidad, una interpretación de lo que el otro nos quiere transmitir, un hacer con las palabras para hacerlas explotar, y para que, así, lo no verbal aparezca en lo verbal[3].

Traducir quiso ser, en un primer momento de la traductología, una búsqueda de la Equivalencia absoluta, una sustitución perfecta de un término por otro[4] que planteaba la palabra como unidad de traducción: era la búsqueda de la univocidad, de *la* traducción de un texto, era la época del prescriptivismo, de la traducción como ciencia. De ahí se pasó a considerar el texto como unidad de traducción, mientras James Holmes, ya en 1972, publicaba su renovador ensayo titulado «The Name and Nature of Translation Studies», con el que se iniciaba la corriente descriptivista y consideraba la traducción como una disciplina independiente, donde importa mucho el *proceso*, el producto y la función de la traducción en la cultura término, y donde la *definición* de traducción es un término relativo[5]. El concepto de equivalencia, entendido en su sentido más tradicional, iba tornándose cada vez más difuso (se transforma en «matching», para decirlo con Holmes), hasta llegar a la definición de traducción, ya clásica, que da Gideon Toury[6]: traducción es lo que en la otra cultura «is regarded as translation from the intrinsic point of view of the target system». A la par que la

---

[3] Derrida, 1990, p. 10.
[4] Catford, 1965.
[5] Gentzler, 2008, p. 2.
[6] Toury, 1980, p. 73.

Escuela de Tel Aviv (nacida de la mano de Itamar Even-Zohar), desarrollan sus teorías en Bélgica y los Países Bajos, aparte de Holmes, nombres tan relevantes como Raymond van den Broeck y André Lefevere en la primera etapa.

La *cultura* empieza a ser la unidad de traducción, lo que convierte a la traductología en un campo epistemológico apasionante, porque incorporar la cultura es dar un vuelco, es pasar a considerar la traducción como mucho más que simplemente hacer buen uso de un diccionario, nos alerta Susan Bassnett[7]. Y, en este sentido, uno de los libros más interesantes de la década de los ochenta es sin duda la antología que Theo Hermans tituló significativa y provocativamente *The Manipulation of Literature* (1985), en cuya introducción se afirma, nada menos, que traducir implica, *inevitablemente*, manipular.

Efectivamente, los años ochenta del siglo XX, gracias a las relevantes aportaciones de teóricos de la traducción como Bassnett, Toury, Hermans y muchos más, posibilitaron el paso de una aproximación a la traducción más formalista a una visión de la misma que subrayaba la importancia de cuestiones más amplias como el contexto, la historia y la cultura. Del debate sobre la fidelidad en traducción o sobre la importancia y el significado del término «equivalencia», se pasó a preguntas que redefinían el objeto de estudio de la disciplina: «what is studied is text embedded within its network of both source and target cultural signs»[8]. De hecho,

---

[7] Bassnett, 1980.
[8] Bassnett y Lefevere, 1990, p. 11-12.

tal y como advierte Edwin Gentzler[9], durante los años ochenta y noventa del siglo XX hubo dos cambios importantísimos en la teoría de la traducción: el cambio de las teorías que ponían énfasis en el texto origen a otras que propugnaban la importancia del texto de llegada y la metamorfosis que supuso en tomar en consideración los factores culturales además de los elementos lingüísticos.

Así las cosas, comienza a verse la traducción como una actividad no neutral y potencialmente peligrosa en la que entran en juego preguntas como quién elige al traductor y por qué, o qué hay detrás de la decisión de traducir una determinada obra o un determinado autor y no otro. Se trata de una aproximación en la que el traductor está inmerso en complejas negociaciones de poder (en su labor como mediador entre culturas) que implican una constante reescritura del original. A teóricos de la traducción como Lefevere, Bassnett, Snell-Hornby, Hermans y tantos otros, empiezan a no darles miedo palabras como manipulación o subjetividad, y empiezan a considerar que cada traducción es un texto diferente e igual al original, porque ambos son, como cualquier texto, heteroglósicos y dialógicos. Cada palabra que traducimos nos obliga a reflexionar sobre su devenir, sobre su arqueología y su genealogía, sobre cómo ha llegado a ser lo que es, sobre «las huellas y marcas de otras vidas que conforman la suya… Entonces, ni siquiera es suficiente con subrayar que no hay palabras aisladas, que su vida comporta la de otras tantas y sus avatares. El mundo de las palabras ofrece los espacios de

---

[9] Gentzler, 2001, S. 70.

consorcio convenientes, las remisiones, las idas y venidas adecuadas para toda una cohorte de relaciones. E, incluso, es el propio mundo de la palabra el que más acá de su reducción al entorno lingüístico, cuaja ya experiencias en las que las circunstancias de vidas vividas adoptan la forma de su propia lingüisticidad potencial propicia . . . es cuestión de liberar en cada palabra esas posibilidades de vida, de espacio, de recreación en las que desafiarse y, quizá, respirar»[10]. La del traductor contemporáneo está lejos de ser, como la llama Steiner, una conciencia monóglota y monocultural.

Leer una traducción implica oír varias voces a la vez (la del autor original, la del traductor, las de los mundos que nos gritan desde el texto). Y por eso en los noventa, el llamado *giro cultural de la traducción*[11] nos hizo conscientes de la importancia del contexto socio-político y de cuestiones ideológicas y de manipulación que están siempre presentes en el acto de traducir[12]. El giro era hacia un modelo plural y hacia un traductor «who operates from a position of plurality and who carries out a role that is charged with immense responsibility»[13]. En estas circunstancias, el traductor se torna visible[14], porque ya no es un personaje secundario sino un reescritor[15], y la traducción es movimiento, cambio[16], ele-

---

[10] Gabilondo, 1999, p. 55.
[11] Lefevere y Bassnett, 1990.
[12] Bassnett, 1999, p. 215.
[13] Bassnett, 1999, p. 213.
[14] Bassnett, 1994; Venuti, 1995.
[15] Lefevere, 1992.
[16] Lefevere y Bassnett, 1990.

mento desmembrador que rompe la unidad ideológica del texto[17], desacralización[18] y decanonización[19] del original, crítica de los tradicionales privilegios epistemológicos del mismo[20], comunicación en la que interfieren relaciones de poder[21] y desconstrucción de cualquier tipo de oposición binaria esencialista.

El giro cultural nos enseñó que la traducción no es reproducción fiel ni neutral sino un acto deliberado de posicionamiento ideológico[22], y que por lo tanto tenemos que mirar el lenguaje con espíritu crítico, porque es uno de los instrumentos de poder más peligrosos que tiene en su mano el hombre, dado que a través de los signos circula nuestra manera de ser, el Poder y el afán de dominación. La traducción puede llegar a usarse, desde esta nueva perspectiva, para resistirse a determinadas construcciones sociales, para introducir nuevas ideas y para cuestionar el *status quo*[23].

Las palabras tienen cuerpo, por eso el lenguaje que utilizamos es portador de huellas y vidas previas. Cada palabra que elegimos al traducir trae consigo los trazos de otras tantas cargadas igualmente de historias prodigiosas que hay que liberar. Cada narrativa se va configurando con las que se construyeron en el pasado: de hecho, cualquier narrativa, desde la historia de la inva-

---

[17] Godayol, 2000, p. 31.
[18] Lefevere, 1982.
[19] De Man, 1986.
[20] Koskinen, 1994.
[21] Bassnett y Trivedi, 1999.
[22] Tymozcko, 2003.
[23] Gentzler, 2008, p. 3.

sión de la guerra de Irak hasta la de la evolución de la humanidad, circula en muy diferentes versiones, algunas en franca contradicción con las otras, y el hecho de que una comunidad específica valores más una narrativa que otra hace que las cosas cambien de forma espectacular.

El sentido es hoy algo emergente y recreado sin cesar, como corresponde al continuo cambio de las condiciones en que se desenvuelve: «las palabras poseen un pasado que las configura a modo de cicatrices o adherencias, pero están abiertas a una resemantización permanente al integrarse en textos diversos que las transforman y revitalizan a la vez... el lenguaje no está hecho para *reflejar* el mundo sino para *construir* interpretaciones acerca de él. Interpretaciones cambiantes, históricamente revisables, es decir, connotativas. La denotación pura es una ilusión»; por eso, «el significado lingüístico será esencialmente connotativo, es decir, intersubjetivo, pragmático y adaptado a la situación. Todo intento de presentarlo como instrumento unívoco y estable, especularmente fiel a una realidad que pretende aparecer como objetiva, cumple una función ideológica, es decir, tiende al mantenimiento del orden existente. Pues si se considera el lenguaje como un mecanismo que refleja la estructura de la realidad, es decir, como esencialmente denotativo, se está bloqueando toda posibilidad de que los hablantes intervengan en la construcción de esa realidad, transformando el estado de cosas vigente»[24]. Por eso, desde esta perspectiva, traducir es plantearse «the vagaries and vicisitudes of the excercise of power in a

---

[24] Meix 1994, p. 194-196.

society, and what the excercise of power means in terms of the production of culture, of which the production of translations is a part»[25].

Y es precisamente esta visión de la traducción, que incorpora conceptos como el de la microfísica del Poder de Michel Foucault, el de ideología en el sentido de Lefevere o el del traductor como lector de Hans-Georg Gadamer, por citar sólo algunos, la que ha dado pie a la construcción de teorías tan interesantes como las teorías postcoloniales de la traducción (que tiene en Niranjana, Cheyfitz, Venuti, Robinson, Bhabha, Spivak, Berman o Bassnett algunos de sus representantes más ilustres) o las teorías feministas (Godard, Lotbiniére-Harwood, Simon, Levine), que han hecho correr ríos de tinta, porque incorporan a la investigación en traducción «broad questions about ideology, ethics and culture»[26].

Las teorías de la traducción del siglo XXI no se plantean como prioridad la equivalencia ni la consecución de un criterio absoluto para alcanzar un buen texto término[27], porque la actividad que lleva a cabo el traductor refleja la conexión intrínseca con problemas que preocupan profundamente a la sociedad contemporánea, desde la cuestión de las migraciones y de las identidades nacionales hasta otras como el problema de los márgenes (cuando contrastan con lo Mismo, en terminología foucaultiana), de la resistencia o de la hibridación: en todos esos casos, la traducción no representa un fenómeno puramente lingüístico sino una realidad, una necesidad,

---

[25] Lefevere y Bassnett, 1990: 5.
[26] Bassnett, 2007, p. 14.
[27] Cronin, 2000 y 2003; Gentzler, 2001; Hardwick, 2000.

que participa íntimamente de la formación de las identidades culturales, en la cual también tienen mucho que decir, por supuesto, las instituciones políticas y sociales que representan a los pueblos. La traducción no se entiende, pues, como un mero trabajo intelectual sino como un problema ético, como posibilidad para la hospitalidad lingüística[28], para la acogida (Duch), e incluso también para el conflicto[29], porque traducir es interaccionar culturas cuya relación entre sí no es, la mayoría de las veces, igualitaria sino que, especialmente cuando la traducción se plantea entre una lengua occidental y otra que no lo es, se trata de una relación desigual, asimétrica, de un acto de apropiación, como una colisión que, si no se trata con cuidado, puede llegar a fijar «a mould fashioned by the superior power»[30]. Así, traducir «is not simply an act of faithful reproduction but, rather, a deliberate and conscious act of selection, assemblage, structuration, and fabrication —and even, in some cases, of falsification, refusal of information, counterfeiting, and the creation of secret codes. In these ways translators, as much as creative writers and politicians, participate in the powerful acts that create knowledge and shape culture»[31]. La traducción en el siglo XXI es una condición permanente del ser humano que se refleja en una práctica discursiva que revela los múltiples signos de la polivalencia con la que están construidas las culturas[32].

---

[28] Ricoeur, 2005.
[29] Baker, 2006.
[30] Bassnett, 2007, p. 20.
[31] Tymoczko y Gentzler, 2002: xxi.
[32] Gentzler, 2008.

BIBLIOGRAFÍA

Baker, Mona: *Translation and Conflict.* Londres 2006.
Bassnett, Susan: *Translation Studies.* Londres/Nueva York 1980.
— «The Visible Translator», en: *In Other Words* 4, p. 11-15, 1994.
— «The Translation Turn in Cultural Studies», en: *Constructing Cultures. Essays on Literary Translation.* Clevedon 1998.
— «Translation 2000 –Difference and Diversity», en: *Textus. English Studies in Italy,* vol. XII, núm. 2, 1999, pp. 213-218.
— «Culture and Translation», en: Kuhiwczak, Piotr; Littau, Karin (eds.): *A Companion to Translation Studies.* Clevedon 2007, pp. 13-23.
Bassnett, Susan; Lefevere, André (eds.): *Translation, History and Culture.* Londres 1990.
Bassnett, Susan; Trivedi, Harish: *Post-colonial Translation. Theory and Practice.* Londres 1999.
Catford, John: *A Linguistic Theory of Translation: An Essay in Applied Linguistics.* Londres 1965.
Cronin, Michael: *Across the Lines: Travel, Language, Translation.* Cork 2000.
— *Translation and Globalization.* Londres 2003.
De Man, Paul: *The Resistance to Theory.* Minneapolis 1986.
Derrida, Jacques: «Las artes espaciales. Una entrevista con Jacques Derrida», Acción paralela, Laguna Beach, California, 28 de abril de 1990; <http://acc-par.org/numero1/derrida1.htm> (12/06/08).

GABILONDO, Ángel: «El Apocalipsis de los anfibios», en: FOUCAULT, Michel: *Siete sentencias sobre el séptimo ángel*. Madrid 1999.

GENTZLER, Edwin: *Translation and Identity in the Americas. New Directions in Translation Theory*. Londres/Nueva York 2008.

— *Contemporary Translation Theories*. Clevedon 2001 (1993).

GODAYOL, Pilar: *Espais de frontera. Gènere i traducció*. Vic 2000.

HARDWICK, Lorna: *Translating Words, Translating Cultures*. Londres 2000.

KOSKINEN, Kaisa: «(Mis)Translating the Untranslatable –The Impact of Deconstruction and Post-Structuralism on Translation Theory», en: *Meta* 39, 3, 1994, pp. 446-452.

LEFEVERE, André: «Literary Theory and Translated Theory», *Dispositio* 7 1982.

— *Translation, Rewriting and the Manipulation of Literary Fame*. Nueva York/Londres 1992.

LEFEVERE, André; BASSNETT, Susan: «Introduction: Proust's Grandmother and the Thousand and One Nights: The "Cultural Turn" in Translation Studies», en: LEFEVERE, André; BASSNETT, Susan (eds.): *Translation, History & Culture*. Londres/Nueva York 1990.

MEIX IZQUIERDO, Francisco: *La dialéctica del significado lingüístico*. Salamanca 1994.

RICOEUR, Paul: *Sobre la traducción*. Trad. Patricia Willson. Barcelona 2005.

TYMOCZKO, Maria; GENTZLER Edwin (eds.): *Translation and Power*. Amherst/Boston 2002.

— «Ideology and the Position of the Translator: In What Sense Is a Translator "In-Between"», en: CALZADA, María (ed.): *Apropos of Ideology. Translation Studies on Ideology –Ideology in Translation Studies.* Manchester 2003, pp. 181-201.

VENUTI, Lawrence: *The Translator's Invisibility.* Londres/Nueva York 1995.

Helena Cortés Gabaudan

LA TRADUCCIÓN DE LA FORMA LITERARIA

I. LA TAREA DEL TRADUCTOR

Grande es el éxito de que gozan hoy en día los congresos, artículos y libros sobre traductología, aún más en España, en donde la creación de la reciente titulación de Traducción y las correspondientes facultades han generado a su vez una gran demanda de un tema científico que por lo visto había gran necesidad de cubrir o descubrir. Esta proliferación de congresos sobre temas de traducción no deja de ser curiosa, si se tiene en cuenta que la tarea de la traducción y la reflexión sobre la misma es algo tan antiguo casi como la propia historia del hombre y en realidad pocas cosas nuevas se pueden descubrir al respecto. Lo que pasa es que hasta ahora la traducción tenía, por lo general, el rango de una simple actividad práctica y necesaria, pero sobre la que no merecía la pena hablar mucho, mientras ahora se la está elevando a la dignidad de ciencia académica. Algo parecido ocurrió ya con actividades tan creativas como el Arte y no está muy claro que haya más o mejores artistas desde que la pintura o la escultura son disciplinas que se aprenden en la universidad. Es más, aunque obviamente hay determinadas técnicas que deben aprenderse en algún lugar, posiblemente el exceso de teoría y de cientifismo de que siempre hace gala la academia pueda tener efectos perniciosos sobre la creatividad artística. Es pues de temer que pase otro tanto con la traducción y es nuestro deber reflexionar sobre el rumbo que queremos que tomen los estudios de Filología y Traducción de nuestro entorno, ya que se observan algunas tendencias preocupantes. En efecto, a la hora de establecer algún tipo de teoría para esta nueva ciencia traductológica, es muy notable la confusión que se establece casi siempre entre dos tipos de tarea absolutamente diferentes y que deberíamos dejar claro que son incomparables: nos referimos a la traducción puramente técnica —que es, hasta cierto punto enseñable, como se pueden enseñar las distintas técnicas para pintar lienzos o paredes— y a la traducción literaria, una actividad mucho más creativa y que no se puede enseñar mediante técnicas y mucho menos a través de la teoría de la traducción. Por otra parte se ha establecido una suerte de pugna tácita y completamente absurda entre las disciplinas complementarias y a veces indistinguibles de la Filología y la Traducción y en ciertos sectores parece atisbarse la tendencia de ciertos traductores titulados a expulsar a los filólogos de su área o a la inversa; ahora bien, si esto es ya de por si absurdo en general, si de lo que hablamos en concreto es de la traducción literaria se convierte sencillamente en aberrante. En este sentido, resulta bastante paradójico que los congresos y publicaciones sobre traducción de los últimos años le den tanta cobertura y espacio a la traducción literaria, cuando precisamente es una rama de la traducción que sólo tiene un reflejo anecdótico en los planes de estudios de las nuevas titulaciones de Traducción, lo que quiere decir que, en consecuencia, los nuevos licenciados en Traducción no reciben una adecuada preparación para abordar la traducción literaria, aunque sus maestros, muchas veces procedentes de la Filología, puedan haberla tenido. Conviene dejar claro cuál debe ser el perfil ideal de un traductor literario, aunque desde luego es obvio que las más de las veces los buenos traductores literarios son los que no han adquirido esa formación específica en la universidad, sino a través de las propias lecturas, la formación artística, el ejercicio continuado de la escritura, el conocimiento del mundo y, en definitiva, la cultura y la sensibilidad hacia la lengua en general, y la materna en particular, algo que sencillamente no se puede enseñar en ningún lugar. Pero, aún sabiendo esto, si a modo de juego absolutamente teórico nos atenemos a la formación científica que preferiblemente debería adornar al buen traductor literario, es claro que dichos conocimientos están más cercanos a lo que se enseña en las facultades de Filología que a lo que se enseña en las de Traducción. La Teoría de la traducción puede tener algunos efectos pedagógicos como abrirle los ojos del novato traductor, hacerle ver las dificultades a las que se enfrenta y muchos de los vicios en que se puede incurrir al traducir textos literarios, es decir, tal vez pueda enseñar a diagnosticar el mal (a saber hacer una valoración de una traducción), pero difícilmente puede enseñar a traducir bien.

II. EL TRADUCTOR COMO INTÉRPRETE

Como ejemplo práctico de las innumerables dificultades a las que se puede ver enfrentado un traductor literario y del enfoque absolutamente variopinto y personal con que tiene que abordar su tarea, vamos a basarnos en estas páginas en nuestra propia experiencia durante nuestro trabajo de traducción de la obra de Goethe *Fausto*[1]. Pero no vamos a entrar en los típicos casos de dificultad que brinda cualquier trasvase de un texto, sobre todo si es literario, y de las que *Fausto* por su extensión y complejidad abunda en ejemplos, y mucho menos a clasificarlos en la actual jerga traductológica con expresiones de perogrullo, que hacen sonreír a cualquier traductor avezado, como «amplificación», «reducción», «modulación» o «dificultades para trasvasar referentes culturales». Porque lo que queremos contar aquí son las dificultades inherentes a este texto en particular como obra de arte singular e irrepetible que pone a su traductor ante la necesidad de inventar recursos creativos propios para reproducir hasta un punto siempre muy limitado lo hecho por el autor. Conviene señalar, que aunque estemos reivindicando la faceta creativa del traductor literario no pretendemos proclamar que el traductor sea equivalente al artista, ni mucho menos, pero sí que al menos debe ser un buen intérprete y que es por eso por lo que no podrá ni deberá haber nunca dos traducciones iguales de un mismo texto como no puede haber dos ejecuciones

---

[1] Dicha traducción —ya en prensa— verá la luz en la editorial Abada de Madrid en 2008.

iguales de una misma pieza musical (los utopistas de la traducción automática tienen aquí nuestra respuesta a su sueño). Cuando se traduce un texto literario se hacen al menos dos cosas: se interpreta su contenido (es decir, se realiza la exégesis y hermenéutica del texto, especialmente complicada si se trata de textos con cierta entidad filosófica) y se interpreta su forma estética (esto es, se intenta reproducir sus efectos plásticos); ahora bien, puesto que, como sabemos, la clásica diferencia entre fondo y forma es en realidad una argucia desfasada para facilitar el análisis (y, desde luego, muy útil desde un punto de vista pedagógico), ya que en una obra de arte literaria esas dos facetas son algo inextricable e indivisible, estamos diciendo que el traductor es en última instancia un intérprete total de la obra, que reescribe el texto base y hace una obra nueva. Guardar el difícil equilibrio entre la debida fidelidad al original y la necesidad de la creatividad propia, es lo que distingue a los buenos traductores de los menos buenos. Y no existen normas previas. En algunos textos predominará la labor de exégesis del contenido y en otros se hará mucho más necesaria la reescritura de su forma plástica. En algunas partes del texto la fidelidad a la letra deberá ser total mientras en otras deberá primar una cierta libertad creativa que reproduzca el estilo. A todos nos parece muy normal alabar a determinados intérpretes musicales por ser capaces de expresar con sensibilidad y personalidad propia una obra frente a otros que nos parecen grises y carentes de vida, y no reparamos lo suficiente en que es exactamente lo mismo que le pasa al traductor literario, aunque éste último no se gane el prestigio de las masas como el músico. Esta es también la diferencia entre el copista de un museo que, si es bueno, es capaz de reproducir en su caballete el cuadro que tiene delante con increíble perfección fotográfica pero sin que su exactitud sea capaz de emocionar nunca al espectador, frente al buen intérprete de arte que sabe explicar la obra artística o reinterpretarla (por ejemplo el buen cicerone del museo que abre esa obra a nuestros ojos por primera vez y logra que nos hable el lienzo). Es justamente esta labor de buen guía del museo la que debe distinguir al buen traductor literario del simple copista: en efecto, en la traducción literaria, corrección no es nunca equivalente de calidad, pues todos sabemos que una traducción perfectamente «correcta» puede ser al mismo tiempo una pésima traducción, plana, gris, sin vida, que sencillamente ha matado el texto. Y es que por corrección entendemos sólo la capacidad para trasladar las palabras de un idioma a otro sin cometer errores, lo cual es básicamente la aspiración del traductor técnico; ahora bien esa perfección técnica, la del buen copista, no suple de ningún modo la parte artística. El traductor literario debe intentar abrir esa obra de arte textual ante su público, debe ser capaz de lograr que se convierta en un objeto de arte vivo y no en un mero calco muerto de algo ya pasado. Y esto es algo que muy pocas veces se logra y nunca para todo el conjunto de la obra traducida. ¿Por qué? Porque no existen teorías ni reglas cuya aplicación facilite ni un ápice esta tarea (o las que hay, son meras verdades de perogrullo que no merecen comentario). Porque la parte artística del texto literario es, en sí misma, singular e irrepetible, tan solo imitable con mejor o peor fortuna.

III. FAUSTO, UN RETABLO BARROCO

Nuestra tesis de partida a la hora de analizar el *Fausto* de Goethe como objeto de traducción, una tesis sin duda muy trivial, pero sin embargo descuidada por la mayoría, es que en *Fausto* la parte plástica y artística es tanto o incluso más importante que su contenido y argumento y ello de modo consciente y buscado por el autor. Por desgracia, la mayoría de los traductores han realizado un gran esfuerzo para servir una traducción más o menos correcta del contenido (lo cual ciertamente no es poco, dada la inmensidad de la obra), pero apenas se han detenido a analizar la parte formal y menos a tratar de reproducirla hasta donde eso es factible. Ahora bien, es posible que en esa parte estética del *Fausto* resida justamente la clave para entender la obra. En efecto, todos sabemos que es un lugar común hablar de la dificultad de *Fausto,* sobre todo de *Fausto II,* y ni siquiera críticos literarios de la cultura y renombre de Harold Bloom tienen empacho en admitir que se trata de uno de los poemas «más grotescos e inasimilables» de la literatura occidental o, dicho en plata, que no hay quien lo entienda. La verdad es que no deja de ser llamativo que una obra tan difícil, rara y original hasta la extravagancia, se haya convertido al mismo tiempo en el canon alemán por excelencia. Pero ¿por qué *Fausto* es tan difícil de entender, por qué parece tan «raro» e incluso «pesado»? Pues bien, en mi opinión, todo el problema parte de la poca atención que se le presta a *Fausto* en cuanto obra de arte plástica, es decir, el problema reside en que no hay que tratar de entender *Fausto* de forma estrictamente lógica y racional, porque muchas veces el argumento y fondo de la obra queda abandonado y hasta el propio protagonista desaparece de la escena o tiene un papel francamente irrelevante: en la segunda parte de la obra Fausto se pasa varias escenas dormido, desmayado o apenas interviene y es evidente que Goethe se está fijando en otra cosa. ¿En qué? Pues bien, en lo que se fija y se goza Goethe en su obra (insisto, sobre todo en *Fausto II)* es en la creación plástica, y muy particularmente musical y pictórica, de pequeñas obras de arte o cuadros que funcionan a modo de escenas independientes y con distinto argumento: por ejemplo, un gran Carnaval renacentista, una escena de guerra, un cuadro mitológico, la Gloria celestial, o un aquelarre medieval. Toda esa serie de obritas de arte independientes se vinculan muy sutilmente entre sí gracias al hilo conductor de un argumento que está al servicio de esos cuadros plásticos y no a la inversa: en efecto, no es que Goethe se esfuerce en describir lo más plásticamente posible una escena de carnaval porque para su argumento sea especialmente importante que el protagonista asista a ella, sino que Fausto asiste a un carnaval única y exclusivamente porque Goethe quiere pintar un gran cuadro de carnaval; de la misma manera, Fausto se convierte en general durante una escena o acude a un aquelarre porque Goethe quiere pintar y describir esos lugares. El argumento al servicio de los deseos artísticos del autor. Sin disminuir por ello la importancia que por supuesto tiene también el tema central de la obra (el destino de Fausto, y con él, del hombre moderno) con esto ya hemos avanzado una tesis importante que cambia completamente la forma de abordar la obra.

Los recursos empleados por Goethe para realizar las distintas obras de arte que componen su *Fausto* son, claro está, lingüísticos, pero fundamentalmente de dos tipos: fonéticos o visuales, musicales o pictóricos. Los efectos sonoros se logran a base de un refinadísimo empleo de la métrica (la variedad, abundancia y maestría con que emplea Goethe los distintos tipos de pies métricos es impresionante), las rimas (de todo tipo), las estrofas y las cadencias, junto a todo tipo de recursos fonéticos como aliteraciones, juegos de palabra, etcétera. Tan refinados y abundantes son los efectos plásticos de tipo sonoro que nos permiten sugerir que tal vez a lo que más se parece *Fausto* es a una gran ópera compuesta de distintas escenas con arias (monólogos de Fausto), dúos (Fausto con Mefisto o con sus mujeres amadas) y coros: ahora bien, volviendo a nuestra tesis, todos sabemos lo poco que importa el argumento de las óperas, muchas veces exagerado, inverosímil y hasta absurdo, simplemente puesto al servicio de la belleza plástica y musical de la obra. Sin embargo, también cabe relacionar la plasticidad de Fausto con la pintura y en relación con los efectos visuales cabe recordar que, no por casualidad, Goethe tuvo veleidades pictóricas y nos ha dejado una serie de bonitos dibujos; sea por esto o por lo que sea, un análisis estético de *Fausto* nos ha permitido llegar a esta conclusión tan bella como sorprendente: *Fausto* está construído como un gran retablo barroco, cuya unidad de conjunto cuando se contempla desplegado en la iglesia es inseparable de la independencia total de las distintas escenas o cuadros que componen el todo. Esta técnica de composición de la obra, donde lo que importa es lograr cuadros independientes perfectamente acabados desde el punto de vista estético y que puedan ser integrados sin forzar demasiado en algún hueco del conjunto, explica la enorme variedad y lo heterogéneo de las escenas que integran la obra, a la vez que explican que, a pesar de todo, no se pueda negar que existe una sutil línea de fondo que da vinculación al todo. Para más paralelismo, si leemos el retablo de páginas titulado *Fausto* de abajo arriba, es decir, en sentido ascensional (siguiendo simplemente el orden numérico ascendente de las páginas), nos llevaremos la sorpresa de que, como en la iglesia barroca cuando vamos alzando poco a poco los ojos hacia lo alto tratando de leer el relato que se nos cuenta en las pinturas, las escenas de *Fausto* que se van sucediendo progresivamente en los distintos actos nos acaban llevando también a la Gloria celestial, donde termina todo. El hecho biográfico sabido de que Goethe fue escribiendo escenas sueltas de *Fausto II* de modo independiente a lo largo de toda su vida, con grandes parones y muchas veces en desorden cronológico, integrándolas sólo a posteriori en el todo, es un modo de proceder poco habitual para otras obras y que nos sigue dando la razón. Además, sabemos hasta qué punto Goethe se preparaba con minucia para cada escena, estudiando a veces durante años desde relatos y descripciones del tema de la escena que iba a escribir, hasta contemplando o coleccionando grabados o informaciones periodísticas antes de pasar al taller de escritura (es lo que sucede con el carnaval renacentista, del que vio grabados, leyó relatos y hasta vivió en persona en Italia). En cada una de estas escenas independientes los personajes usan versos adaptados a lo que estamos leyendo, cantan canciones que tienen que ver con el tema, llevan ropajes y emplean un léxico adecuado al lugar, es decir, el autor pone todo tipo de recursos plásticos al servicio de la descripción artística más total de cada asunto. Por eso, si nos desprendemos de la tendencia arraigada a leer la obra linealmente, buscando sólo el sentido del relato, y somos capaces de deleitarnos sin más en la labor artística de cada una de las escenas operísticas o cuadros que componen esta obra de arte singular, tal vez estemos más cerca de haber entendido el *Fausto* y de poder gozar de su lectura. Habremos entendido por fin algo básico: que *Fausto* no es una novela (= un relato), que en *Fausto* Goethe simplemente pinta con palabras.

Si todo lo dicho hasta aquí es verdad ¿cómo traducir un retablo? ¿Cómo pintar el mismo cuadro con palabras de otra lengua, de otro colorido?

Intentar lograr esto significa hacer un notable esfuerzo de aproximación a su forma estética más allá del mero significado de las palabras y del buen traslado de un relato que, por otra parte, todo el mundo conoce y ha sido traducido, también «correctamente», decenas de veces. Debemos pues comenzar por analizar su forma. Ahora bien, en una obra tan inmensa y variada, con dos partes tan distintas entre sí, escrita a lo largo de tantos años, el análisis de la forma estética, de hacerlo pormenorizadamente, nos llevaría muchísimas páginas. Sin pretender por tanto agotar aquí el análisis de los muy variados recursos estéticos del *Fausto* vamos a fijarnos solamente en aquellos a los que durante nuestra labor de traducción hemos tenido que prestar mayor atención o más dificultades nos han presentado. Es decir, no vamos a hablar de los posibles y dudosos éxitos alcanzados, sino de los puntos de conflicto y los pasajes en que nos hemos topado con los límites de la traducción artística.

IV. SEGUNDA PARTE: LOS RECURSOS DEL *FAUSTO*

En este pequeño análisis vamos a fijarnos en tres categorías distintas de recursos poéticos que utiliza Goethe para caracterizar lugares y personas y para convertir a su obra en un logro estético. Nos fijaremos en los estilos poéticos (juegos con los recursos técnicos de la poesía como rima, metro, acento, cesura, aliteración, etcétera), en los registros lingüísticos (la forma de hablar de cada grupo social o tipo psicológico) y en los estilos literarios (la distinta forma artística de los pasajes románticos frente a los clásicos).

IV.1. LOS ESTILOS POÉTICOS Y LOS RECURSOS FONÉTICOS

a) *Prosa o verso*

A la hora de traducir Fausto, una tragedia en verso, la primera pregunta debe ser si traducirlo en prosa o respetar su forma estética de versos. Parece una pregunta absurda, ya que cuando se habla de lírica se da por entendido que no puede ser traducida en prosa, pero la abundancia de traducciones en prosa de esta tragedia hace sospechar que no lo es tanto. Naturalmente esta elección de la prosa tiene su justificación en la dificultad de trasvasar la poesía de un idioma a otro, por lo menos de idiomas tan alejados entre sí como el alemán y el español. No obstante, aunque traducir poesía sea una tarea imposible en sí misma, aún parece peor renunciar de antemano a una aproximación, por mínima que sea, a la forma estética peculiar de la lírica. Porque, si no, nos ocurrirá lo de siempre: que habremos convertido a *Fausto* de antemano justamente en eso que no es, en una especie de extraña novela filosófica. Para no caer en el peligro de reducir *Fausto* a un mero argumento, a un relato por lo demás algo pesado precisamente porque el «hilo» está lleno de «interrupciones», debemos de rehuir el empleo de la prosa a la hora de traducirlo. Ahora bien, ¿cómo traducir *Fausto* en verso? ¿Se puede tratar de reproducir en una lengua como el español todos los pies métricos, las rimas, las cadencias y otros efectos poéticos de *Fausto?* Desde luego, hay que reconocer que sólo de modo muy imperfecto. De entrada la tarea parece, si no imposible, desde luego desmesurada para las fuerzas y el tiempo de un traductor cualquiera. Recordemos que *Fausto* tiene más de 12.000 versos, lo cual equivale a varios dramas de Goethe de dimensión «normal». Una solución de compromiso es mantener la prosa, pero enmascarándola bajo una alineación de las frases que respete los versos del original. Es sólo un maquillaje, pero al menos evita la aberración visual de la pura prosa y obliga a contener las frases en la medida normal de un verso, lo que inevitablemente las acorta y produce una cadencia. No obstante, incluso esta solución parece insuficiente para una obra tan volcada a lo plástico como *Fausto*. Nunca lo hubiéramos creído antes de traducirlo, pero lo cierto es que *Fausto* está literalmente «plagado» de pasajes en que según las acotaciones escénicas los personajes cantan y hacen coros. Ahora bien, parece obvio que no se puede traducir en prosa (ni siquiera en prosa versificada) algo que en el propio texto se dice que es una canción. Por lo tanto, ya tenemos, de entrada una muy larga serie de pasajes en que se debe hacer el esfuerzo de respetar el metro y la rima del original para no pervertir en exceso la intención del texto. Puestos a ello, la opción contraria a la de la prosa versificada sería reescribir completamente *Fausto* como obra de arte poética desde el castellano, pero para poder hacer eso habría que ser poeta, gozar de total libertad artística y no ser esclavo de las palabras elegidas por Goethe, es decir, dejaríamos de hacer una traducción en favor de una versión libre del *Fausto*. Esta posibilidad, además de muy arriesgada y difícil se enfrenta con las tendencias actuales que tratan de rescatar al máximo la fidelidad al texto original, frente a otras épocas históricas en que se procedía con mucha mayor libertad con las obras de arte, ya fueran textos u óperas, produciendo versiones muy libres. Como solución intermedia, en nuestra traducción hemos propuesto una técnica de traducción mixta, que aún siendo muy discutible y estando muy lejos del ideal, parece sin embargo justificada hasta cierto punto por un análisis formal del texto. Llamamos técnica mixta al procedimiento por el que determinados pasajes los hemos traducido en versos rimados (como en el original) y otros en prosa versificada (ya que la prosa pura y lisa la hemos descartado de antemano). Este proceder se atiene a unas normas marcadas por el texto original.

En efecto, un análisis de los tipos de verso usados en *Fausto* nos hace constatar algo muy curioso: en las partes en que los personajes se expresan de modo más coloquial y doméstico, es decir, sobre todo en los diálogos, los versos suelen ser de arte mayor (de ocho o más sílabas) y tienen un menor efecto poético, ya que utilizan muchos menos recursos rítmicos y musicales. Es decir, estamos sugiriendo que Goethe, de manera expresa, se las arregla para que esas partes de su obra, aún estando en versos rimados, produzcan un efecto de prosa. Caso aparte son los monólogos filosóficos de Fausto, de los que hablaremos más adelante. Por el contrario, en los momentos más líricos y musicales (las numerosísimas canciones y partes corales de la obra) o en las escenas de mayor plasticidad, donde lo que importa es el efecto artístico (el paso de Carnaval, la obrita de teatro del Fausto I, las escenas del mundo griego), observamos que Goethe, de modo invariable, o casi, utiliza versos de arte menor (versos cortos) en los que abundan una gran variedad de efectos plásticos y musicales además de la habitual rima final, logrando en el oído un efecto inmediato de mayor ritmo y cadencia. Una vez hecha esta comprobación, resulta más fácil distinguir unos momentos de otros (saber cuándo debemos traducir en verso rimado o no), puesto que estos pasajes vienen marcados incluso de modo visual por la longitud de los versos. Así pues, en la solución que hemos adoptado en nuestra versión, hemos traducido en versos rimados las partes más poéticas de *Fausto* (las partes en versos de arte menor y que muchas veces vienen marcadas escénicamente como partes cantadas), mientras que hemos reservado una prosa versificada para las partes menos connotadas como musicales y poéticas (las partes en versos de arte mayor). Ahora bien, en estas partes también hemos distinguido entre dos niveles de «prosa» alternando entre un estilo más coloquial y «prosaico», reservado para los diálogos y escenas más populares, y un estilo más «poético» (una prosa rítmica) para los monólogos y partes más dramáticas, en cuyo caso hemos tratado de conservar por lo menos un ritmo. Esto se ha logrado mediante los siguientes recursos:

1. Respetando escrupulosamente la alineación y en la medida de lo posible la sintaxis de los versos: nuestras frases se cortan exactamente donde se corta cada verso y pasa al siguiente, respetando incluso (hasta donde es posible) los encabalgamientos, cesuras y otros recursos poéticos que marcan una forma de ordenar la frase que, en nuestra opinión, casi nunca es arbitraria. Como es lógico, la sintaxis alemana no siempre permite conservar el mismo orden que el del verso original y hemos tenido que alterar muchas veces el orden de las palabras para no forzar en exceso el castellano, pero en general hemos procurado ser fiel a los versos, sobre todo cuando determinadas palabras deben aparecer a final de verso o principio de verso para destacar su importancia. El hecho de ir colocando las frases en el mismo orden y con las mismas rupturas que los versos tiene una ventaja añadida, de cara a una versión que quiere aproximarse a la musicalidad del original, y es que de modo automático produce un efecto rítmico, que sin ser tan intenso como el del metro ordenado y la rima, tiene ya mucho de cadencia musical.

2. Para intensificar el efecto plástico, en aquellos momentos en que el texto lo permite o lo pide hemos introducido efectos sonoros como rimas internas, cadencias mantenidas mediante un reparto equilibrado de los

acentos, etcétera. Con esto se logra algo que podemos llamar «prosa poética» o «rítmica» y que se aproxima ya mucho a la poesía aún sin serlo. Como es lógico, en los momentos más coloquiales hemos evitado esta prosa poética, en la misma medida en que el texto original evita también o disminuye el uso de los recursos poéticos. Así pues, se da la coincidencia y la paradoja de que Goethe se ve obligado a utilizar recursos para que su poesía parezca prosa en la misma medida en que nuestra versión utiliza recursos para que nuestra prosa parezca poesía.

En las partes en que hemos mantenido la rima hemos procurado también ser lo más fieles posible al original en los siguientes aspectos:

1. Hemos procurado respetar la métrica del original: aunque no siempre nos ha sido posible, en un porcentaje muy elevado de casos hemos tratado de mantener versos con el mismo número de sílabas que en el original, no tanto por el simple prurito de ser muy fieles, como por hacer ver también al lector español la variedad de metros y rimas que usa el original y que lo hace tan diverso y ameno desde el punto de vista formal. Cuando nos ha sido imposible encajar el texto traducido en el mismo número de sílabas que en el alemán (todos sabemos que el alemán puede expresar más contenidos que el castellano en muchas menos sílabas por ser una lengua aglutinante: véase la dificultad para mantener en una traducción castellana versos de tan sólo cuatro sílabas) al menos hemos usado siempre una medida muy similar (estrofas de versos de cinco sílabas en lugar de cuatro, por ejemplo).

2. Asimismo hemos tratado de mantener o cuanto menos de imitar las alternancias de rimas del alemán: pareado (aabb), rima cruzada (abab) y otras rimas: aaaa/bbbb, abba, aab/ccb. Una vez más, este empeño ha tenido como objetivo presentar al lector todos los recursos del original y ser tan variado como él; por eso, en donde una determinada palabra (por ejemplo un nombre propio que inevitablemente tiene que quedar igual y rima con otra palabra) impide mantener una rima igual que la del original, se ha optado siempre por un modelo lo más parecido posible.

3. Caso aparte constituyen las escenas en que Goethe ha abandonado la rima final en favor de los metros griegos, como sabemos basados en la cantidad. En este caso, la casi total imposibilidad de encontrar en castellano palabras sinónimas a las del original y que al mismo tiempo mantengan los acentos en la misma posición silábica que las palabras del alemán nos ha hecho abandonar el intento de imitar este recurso poético —muy usado por los alemanes de la época clásica— y, en su lugar, hemos tratado sencillamente de mantener un ritmo más o menos musical gracias a recursos como las rimas internas, las cadencias y los efectos sonoros. Hay que decir que el propio Goethe no es siempre muy riguroso en el uso de los pies griegos, ya que incluso en alemán es realmente difícil trabajar con versos en que hay que colocar hasta seis acentos en la misma posición creciente o decreciente en cada verso. En cualquier caso, lo que el traductor no podía hacer aquí en favor de la musicalidad era sustituir la rima griega por la rima final, ya que muy expresamente el autor la evita cuando son personajes de la Antigüedad los que hablan.

b) *Recursos métricos: el modo poético como tema*

Tal vez uno de los pasajes que mejor nos pueden ayudar a entender en qué sentido nos atrevemos a afirmar que en *Fausto* la envoltura artística es precisamente tema de la obra y no un mero adorno sea una breve aproximación al célebre pasaje del Acto III del *Fausto II* en que Helena, sorprendida del modo de hablar del vigía Linceo, le pide a Fausto que le enseñe a rimar. Para traducir bien este maravilloso pasaje hay que pasar de la rima griega basada en la cantidad a la rima final de modo progresivo. Hay que señalar que en todo este acto III, que se desarrolla en Grecia, los personajes griegos no emplean riman final, sino metros griegos clásicos basados en la cantidad, trímetros yámbicos por lo general. La enorme importancia que le da Goethe a la forma plástica se hace patente en una escena intermedia de este acto en que vemos cómo en primer lugar Fausto trata de aproximarse a Helena usando para hablar versos con cadencias griegas en lugar de la habitual rima final que le vemos usar en todo el resto del texto (el usa yambos de cinco pies, mientras Helena usa yambos de seis) hasta que es la propia Helena la que se acerca a Fausto aprendiendo a rimar al modo germánico. En este caso, la forma estética se ha puesto al servicio de la caracterización psicológica de los estados de ánimo de los personajes y hasta de las corrientes literarias (Clasicismo/Romanticismo), las épocas históricas (Antigüedad/Edad-Media) y los lugares geográficos (Grecia/Alemania) de un modo inolvidable. Se trata de una declaración de amor que se expresa, más que con lo que dicen las palabras, con la sonoridad y el ritmo de las mismas. Grecia y Alemania, Clasicismo y

Romanticismo, Helena y Fausto se funden en ese paso de los pies griegos a las rimas finales, cuando Helena completa con rimas finales los versos que comienza Fausto. Es pues todo un reto para un traductor reproducir esta escena convenientemente.

La importancia que le da Goethe a este innovador recurso se vuelve a comprobar cuando se inicia el acto IV de *Fausto II* y comprobamos que Fausto sigue usando los trimetros clásicos en lugar de la habitual rima final: es porque todavía está imbuído de Helena, en medio de una ensoñación donde rememora lo que acaba de vivir. Sin embargo toda la escena se pasa automáticamente al madrigal cuando Fausto cree divisar a Margarita en una nube y también aparece Mefistófeles. Esa irrupción de lo germánico y medieval se expresa en el texto mediante el paso de las medidas griegas a las rimas germánicas. El empleo de este recurso tan poco habitual nos hace ver hasta qué punto el lenguaje no es aquí una herramienta al servicio de un tema, sino tema mismo de una obra en que el arte es también protagonista.

c) Aliteraciones y juegos de palabras

Por supuesto que no es sólo la métrica el único recurso de tipo fonético usado por Goethe en sus versos. Otro ejemplo muy claro de descripción plástica de un ambiente y unos personajes mediante recursos fonéticos es, por ejemplo, la forma de hablar de los elfos, en el acto I de *Fausto II*. Los elfos son seres de la naturaleza de gran belleza y ligereza y expresión musical: no hablan, sino que cantan. En el texto de Goethe se expresan mediante cantos en los que abundan unas preciosas aliteraciones, primero de «ü» y «l», y luego de «s» y «gl», que hacen efectivamente mucho más musical todavía sus voces. Los elfos no sólo cantan y hablan de las cosas bellas de la naturaleza, sino que su modo de hablar es en sí mismo sumamente musical. Reproducir estos efectos es algo muy difícil cuando se pasa del alemán a una lengua tan distinta como el castellano, sobre todo cuando se quiere ser fiel a las palabras del original y además medir y rimar los versos para que conserven al menos la apariencia de una canción.

Otro recurso poético de tipo fonético empleado por Goethe en su texto es el juego de palabras. Los juegos de palabras pocas veces se dejan traducir a otros idiomas, lo que obliga a hacer adaptaciones o incluso supresiones de algunos de ellos. Como ejemplo de lo que sucede en *Fausto,* señalaremos el pasaje en que se juega con el nombre de los grifos y el verbo «echar mano, agarrar» (en alemán: el sustantivo «Greifen» y el verbo «greifen»). Una vez más, como en el caso de Helena aprendiendo a rimar, estos versos son demostrativos de hasta qué punto Goethe juega de modo consciente con el lenguaje y hace al propio lenguaje protagonista de la obra, un tema del que hablan los propios personajes.

d) *El tempo de los versos y la distribución tonal*

Aunque ya lo hemos sugerido más de una vez en los anteriores ejemplos, otro recurso importante al servicio de la obra de Goethe es el ritmo usado en los versos. Para observar este recurso poético de cerca, podemos pensar en los versos que usa Goethe para caracterizar a

Filemón en el acto V de *Fausto II:* son versos cortos de cuatro pies, es decir, un tipo de verso que normalmente tiene un tempo rápido y produce sensación de ligereza. Sin embargo, en este caso la maestría de Goethe es tal que consigue darle a estos versos un tempo lento que evoca la serenidad de la vejez satisfecha de Filemón. Esto se consigue haciendo que sus frases terminen con cada rima (no fractura nunca las frases), y manteniendo con toda regularidad un tipo de rima muy sencilla ab-ab, lo que llega a producir un sonsonete monótono y una impresión de sencillez y candor, como si hablara un niño pequeño. Este tipo de recurso se puede imitar con relativa facilidad en su traslado a otro idioma si se mantiene la medida de los versos y se respeta el fin de frase como fin de la rima. Naturalmente, si se tradujese en verso manteniendo la rima ab-ab, aún sería mejor.

Otro recurso de tipo tonal, es la distribución de las intensidades en el verso. Pero no sólo en los pasajes griegos donde la rima ya es de intensidad obligadamente, sino incluso cuando se usa la rima final. Por ejemplo, podemos fijarnos en las escenas consagradas a describir la noche de Walpurgis clásica, cuando esta noche mitológica alcanza su clímax en las escenas finales en los acantilados del mar Egeo; ese final es una verdadera fiesta del agua y los elementos marinos. La sirenas cantan, abundan los sonidos bellos y todo termina en una especie de gran sinfonía de los elementos de la naturaleza. La acumulación de efectos plásticos es enorme. Los distintos seres mitológicos que aparecen se expresan con distintos tonos musicales (versos de tres, de cuatro o cinco pies). Las voces de las sirenas son melódicas en sí mismas, pero Goethe lo refuerza con su distribución de acentos en el verso:

Fausto II, Acto II. Vv. 8339 y ss.

Welch ein Ring von Wölkchen ründet	¿Qué es ese anillo de gasas
Um den Mond so reichen Kreis?	que a la luna en torno abraza?
Tauben sind es, liebentzündet,	Palomas enamoradas,
Fittiche, wie Licht so weiss	con alas como luz blancas.
Paphos hat sie hergesendet	Es Pafos quien aquí manda
Ihre brünstige Vogelschar	a su bandada encelada.
Unser Fest, es ist vollendet	La fiesta está consumada:
Heitre Wonne voll und klar!	dulce dicha, pura y clara.

En la traducción ha sido muy trabajoso encontrar las rimas respetando además la métrica del octosílabo y tratando de usar un léxico de gran belleza poética; no se ha podido alcanzar la perfección formal de los yambos de cuatro pies que usa Goethe (combinación de larga-breve cada dos sílabas hasta cuatro veces por verso, es decir, cuatro acentos que recaen en cada verso en las mismas sílabas) aunque se haya procurado no perder demasiado la regularidad de las intensidades tonales, o dicho de modo más sencillo, se haya atendido al ritmo de los acentos creando una regularidad tonal bastante grande. Procurando usar además un léxico de registro muy poético (enamoradas, encelada, alas, luz, luna, etc.) se ha intentado recrear la belleza de esta noche mágica del texto original.

IV.2. Los registros lingüísticos. Una aproximación a los estratos socio-culturales y psicológicos y su reflejo lingüístico

Resulta trivial decir que la enorme galería de personajes que desfila por las páginas de *Fausto* pertenece a niveles culturales y sociales muy distintos, además de tener una psicología y carácter muy dispar, y que por lo mismo no puede hablar de la misma manera. Pero, para decir esto con conocimiento de causa, hay que analizar los recursos lingüísticos que utiliza Goethe para caracterizar a sus personajes, tanto social como psicológicamente, a base de efectos sonoros, ya que es importante tratar de trasladar esos mismos efectos estéticos a la lengua a la que se traduce. Lo que sugerimos, es que la caracterización de los personajes no se produce sólo por el contenido de sus palabras o por el léxico más o menos elevado o vulgar que utilizan, sino por su pura expresión fonética. Efectivamente, para poner un ejemplo sencillo y fácil de observar, Mefistófeles se expresará casi siempre a través de la forma poética del madrigal, porque es un tipo de verso más popular y sencillo, y por ende acorde con su persona de tipo desenfadado y llano; al mismo tiempo, y también gracias al tipo de verso que usa y al reparto de los acentos y las cesuras, se expresa casi siempre con un ritmo más saltarín y alegre que Fausto, es decir, de un modo más acorde con su psicología bromista e irónica. Frente a él, Fausto se expresará en versos largos y que se elevarán muy a menudo a registros poéticos muy formales y elevados, por un lado, porque debido a su nivel cultural su expresión es más seria y académica (él es el doctor Fausto) y, por otra, porque es un personaje más grave, reconcentrado y filosófico, poco dado a las chanzas. Esto mismo sucede con todos los personajes de la obra. Aunque la lista de personajes sería muy amplia, desde el punto de vista del tipo de lenguaje empleado podemos reducir esa galería a cinco registros que combinan los estratos sociales con los registros psicológicos (una lista, desde luego, siempre ampliable y muy matizable):

— *El registro coloquial y popular:* es el que utiliza la gente del pueblo, los estudiantes y, casi siempre, Mefistófeles. Hay abundancia de bromas, chistes, exclamaciones, palabras apocopadas, cancioncillas y un tono casi siempre desenfadado y muy coloquial con alusiones picantes. Los metros más usados son el madrigal o el Lied. Se debe mantener en la traducción si se quiere reproducir el recurso de caracterización psiclogógica a través de la forma.

— *El registro filosófico o/y lírico:* es el que emplea Fausto en un gran porcentaje de sus intervenciones, si bien con mucha más intensidad en los monólogos con que suelen iniciarse los distintos actos de la obra (en *Fausto II).* Este tono grave, meditativo y que a veces se eleva hasta lo lírico cuando piensa en la naturaleza, el amor y los grandes sentimientos del hombre, se reduce sensiblemente cuando dialoga con otros personajes, sobre todo Mefisto, adoptando un tono ligeramente más coloquial, aunque abandonando muy raras veces su gravedad. Para este tono no se puede usar una simple prosa versificada y hay que tratar de cargar las tintas en las posibilidades de acentos, ritmos y algunas rimas dispersas, para que la prosa se eleve hasta un tono poético usando versos largos, términos escogidos, exclamaciones y preguntas retóricas.

— *El registro ampuloso y artificioso:* se observa en el mundo de la corte y los que rodean al emperador en *Fausto II.* Cuando hablan el emperador y sus ministros el lenguaje está tomado directamente de la administración y el derecho antiguo germánico (un lenguaje que Goethe conocía bien por sus estudios). Para expresar el engolamiento, el estilo anticuado y ampuloso de esta corte, Goethe usa alejandrinos y estrofas muy extensas, es decir, el verso típico de la tragedia barroca a lo francés, un verso muy largo (catorce sílabas) y ceremonioso que trata, a propósito, de crear distancia, con un registro muy formal. Sin embargo, cuando el emperador se dirige a Fausto y otras personas ajenas a la corte ya no se expresa con estos versos y se rebaja inmediatamente el tono formal. Se puede intentar mantener el efecto de formalidad mediante frases largas, léxico ceremonioso y el empleo de expresiones anticuadas como el plural mayestático «Nos». Con todo, es obvio que el uso del alejandrino tiene unas connotaciones para el lector alemán, sobre todo de la época de Goethe, que inciden con mucha mayor fuerza en el aspecto grave y ampuloso de este lenguaje. Lo ideal, desde luego, sería reproducir el alejandrino.

– *El registro que llamaremos «sublime»:* es el que emplea Helena mientras dura su intervención en la obra. Utiliza un lenguaje muy elevado y cuidado, lo que llamaríamos un «alto estilo», con frases muy largas y elaboradas en las que predomina siempre la serenidad, incluso en los momentos más dramáticos, transmitiendo una gran sensación de majestuosidad. Helena habla como una reina, tal vez como una semidiosa (Clasicismo).

– *El estilo sencillo e ingenuo:* es el que emplea Margarita en *Fausto I*. No se trata del estilo desenfadado y a veces chabacano de los ambientes populares, sino de un lenguaje poco rebuscado, fácil, de frases sencillas e imágenes domésticas, pero cargado de sensibilidad y metáforas expresivas. Goethe usa versos con rimas muy laxas, que parecen prosa. Veremos más adelante cómo en las últimas escenas, en una buscada gradación de menos a más, este tono irá haciéndose más y más dramático hasta alcanzar el puro patetismo (Sturm und Drang). La diferencia respecto a la forma de expresarse de Helena es palmaria.

IV.3. Los estilos literarios. Margarita y Helena ante la muerte

Si queremos un caso claro en que los diferentes estilos literarios de Goethe, que responden a su evolución vital y epocal, se reflejan en una obra tanto en la expresión estética como en la propia psicología de los personajes no tenemos más que hacer un análisis comparativo de cómo se enfrentan a la muerte Margarita y Helena y cómo hablan en esa situación cada una de ellas.

Como sabemos Margarita es la protagonista de *Fausto I,* una obra del Goethe joven. Pues bien, una de las escenas más bellas de la obra desde el punto de vista literario es la escena final de Margarita en la cárcel con Fausto y Mefistófeles. Esta escena, en apariencia sencilla, es en realidad un alarde de maestría literaria, un auténtico logro artístico de Goethe que todavía consigue conmover y hasta sobrecoger al lector atento de hoy mediante la forma de expresarse de Margarita, la muchacha sencilla e ingenua que vemos caer en el abismo de la desesperación y la locura ante nuestros ojos, pero a la que al mismo tiempo vemos madurar, ser más ella, librarse del dominio de Fausto: es capaz de rezar, capaz de seguir enfrentándose con Mefistófeles hasta el final, mientras Fausto enmudece. Las frases entrecortadas, versos de medidas completamente distintas, el salto del presente al pasado y a escenas sólo imaginarias, las exclamaciones, los gritos y lamentos, construyen una suerte de soliloquio dramático que alcanza el mayor patetismo sin caer por ello en el kitsch. Y hablamos de soliloquio porque Margarita ya está sorda a todo lo que le dice Fausto y sólo vive ya en su propio mundo interior de locura, lo cual por cierto no le resta nada de clarividencia, mientras que Fausto es el que en realidad sigue siempre más ciego a todo. Margarita habla mucho más que Fausto y utiliza muchos símbolos: corona y flores, tumba y puñal, el niño ahogado, la madre en la piedra, etcétera. Sus versos tienen un ritmo mucho más suelto según avanza la escena. Las palabras de Fausto, interrumpiendo a Margarita y tratando de hacerla entrar en razón, pues él sólo entiende que está angustiado por su culpa y le apremia salvarla antes de que el tiempo se acabe, sirven como excelente contrapunto dramático. Puesto en música y en una ópera la escena puede llegar a lograr acentos inolvidables para uno de los dúos amorosos más dramáticos jamás escritos. Estamos ante una obra artística del Sturm und Drang. En la traducción se debe mantener el tempo dramático marcado por las abundantes exclamaciones y frases de distinta longitud.

Al lado de esta escena sobrecogedora tenemos a la protagonista femenina del *Fausto II* y ya todo cambia. Cuando Helena regresa a su palacio de Tebas en el acto III está íntimamente convencida de que Menelao la va a mandar sacrificar en cuanto llegue y se reúna con ella, ya que le ha dado instrucciones que apuntan claramente en ese sentido. Aunque angustiada en el fondo por su fatídico destino, Helena no transmite ninguna alteración y tanto su pose como sus palabras son serenas y majestuosas en todo momento, aceptando la muerte con la dignidad de una reina y de una heroína clásica: por eso, a pesar de la situación en que se encuentra, ella sigue hablando de dioses, de destino y reinado, en definitiva de todo lo que constituye el mundo de una gran reina. Utiliza frases largas, preguntas retóricas y todo ello en yambos de seis pies, que es el metro alemán que mejor imita los trimetros griegos, lo que produce un ritmo pausado y solemne que ayuda a reforzar la sensación de serenidad. Helena es la expresión del más puro decoro ante la muerte. El efecto de majestuosidad y serenidad y hasta de cierta altivez amable de Helena, se transmite también mediante la elección de palabras cuidadas, sin exclamaciones, ayes ni ruptura de frases. Estamos ante un producto de la racionalidad y el Clasicismo.

V. CONCLUSIÓN

Con estos pocos ejemplos hemos tratado de poner de manifiesto hasta qué punto Goethe ha utilizado todos los recursos que le brindaba la forma estética para hacer de su obra una auténtica creación artística, donde los efectos plásticos hablan tanto o más que el argumento. Tipos de metro y rima, cesuras, aliteraciones, acentos y ritmos, encabalgamientos, incluso el efecto visual de los versos sobre el papel, son algunos aspectos que hemos querido destacar en estas líneas. Es evidente que no hemos agotado la gran variedad de elementos formales que hacen de Fausto una obra de arte plástico. Por ejemplo, no hemos entrado para nada en la adjetivación y las sugerencias pictóricas. Pero, al menos, esperamos haber demostrado que sólo una aproximación rigurosa a la forma estética del *Fausto* permite comprender de verdad esta obra y permite intentar acercarse, aunque sólo sea en una muy pequeña medida, a una traducción que querría estar algo más próxima a las intenciones del autor en su texto original. Para una verdadera traducción del *Fausto*, que tenga de verdad en cuenta todos estos recursos estilísticos y los reproduzca en la lengua traducida, aún queda un largo y difícil camino que recorrer.

Luis Martínez de Merlo

REVISANDO CRITERIOS EN LA TRADUCCIÓN DE *TEXTOS POEMÁTICOS*

Aunque después de muchos años de práctica en la «traducción literaria» (que no es del todo igual que la «traducción de literatura») haya trabajado esporádicamente en otro tipo de textos, mi aportación básica a esta tarea de ha consistido en la traslación a la lengua española. de textos compuestos originalmente en francés o italiano, y versificados en sistemas que podríamos considerar clásicos, o tradicionales, dentro de unas convenciones culturales que abarcan desde el siglo XII hasta el XIX. Traducción de «textos en verso», pues, y no de «poesía»; de textos que llamaré «poemáticos» y no «poéticos».

Lo he declarado cada vez que he tenido ocasión y ha sido necesario precisar en qué límites se movía mi práctica como traductor[1]. Con este elemento común: la ver-

---

[1] Ver, sobre todo, mis artículos «Traducir poesía. (Condiciones y límites de una práctica posible)», revista *Trans*, núm. 2, Universidad de Málaga, area de traducción e interpretación, 1998; y «Notas sobre la traducción de 'poesía'», en *Ínsula*, monográfico sobre la traducción de poesía, septiembre de 2006.

sificación, he dirigido mi práctica en muy diferentes direcciones (textos líricos, dramáticos, narrativos; grandes obras canónicas de la literatura, breves antologías *ad libitum* del traductor) y en cada una de ellas se me han ofrecido problemas diferentes que me han llevado soluciones distintas en cada trabajo y han dado pie a reflexiones, de las que se derivan la mayor parte de las cuestiones teóricas sobre las que te tenido que interrogarme y dar respuestas; cuestiones que a su vez han ido revirtiendo en nuevas etapas de dicha práctica, supuestamente más maduras, no sólo por su propio ejercitamiento a través de los años y sobre textos de mayor complejidad, sino como efecto de nuevas soluciones a viejos cuestionamientos, o nuevos criterios fruto de nuevos enfoques de los problemas que deben resolverse. En algunos casos, por fortuna, he tenido la posibilidad de aplicar estos criterios nuevos a trabajos antiguos que me ha sido posible corregir muchos años después[2].

En todo este tiempo, sin embargo, no ha variado el punto de partida básico de mi trabajo, y el único que en realidad me lo hace gratificante como práctica personal (a la par reto intelectual y manifestación de la propia sensibilidad creadora), a saber, dada la condición «poemática» del texto original, restaurar dicha condición «poemática» en el nuevo texto de llegada, utilizando para ello de la mayor cantidad posible de los recursos a los que el autor original había recurrido para conferir a su texto dicha condición poemática; y reescribiendo

---

[2] La primera edición de mi traducción de *Las flores del mal*, data de 1992; a partir de la quinta edición la traducción se halla notablemente revisada.

(recreando) al mismo tiempo con la mayor precisión posible el «contenido» que pudiera reflejar una «trasliteración no poemática»; ambas tareas unidas para un último fin, la preservación del valor estético del original en el texto reconstruido en un nuevo sistema lingüístico.

Sea cual sea el término que utilizemos para denominarla, la práctica a la que nos referimos con el nombre de «traducción» incluye el rasgo de «hacer pasar» («trans») algo de un lado al otro; como las acciones de subir o bajar, entrar o salir requieren necesariamente tres elementos: el punto de partida, el punto de llegada y el movimiento del uno al otro. Pero para ahondar en el problema de la traducción, o en el hecho de la traducción y sus problemas, podemos valernos de otra serie de analogías, de imágenes, capaces de suscitar conceptos. Así nosotros bien podemos valernos de las imágenes-concepto del *simulacro,* del *sucedáneo,* o de la *mediación,* o de la *compensación,* para dar respuesta a algunos de los interrogantes que el fenómeno de la traducción nos plantea, sean por ejemplo ¿cómo lograr un simulacro convincente?, ¿qué requiere un sucedáneo que satisfaga los requerimientos de su consumidor?, ¿entre qué partes debemos ejercer nuestra labor mediadora y cuáles se supone que deban ser los resultados de dicha mediación?, ¿a cambio de salvaguardar qué valor está alguien dispuesto a renunciar a otro beneficio? Una teoría general de cada uno de estos conceptos podría arrojar luz, o crear, nuevos interrogantes en la teoría y práctica de la traducción poemática a la que hacen referencia estas líneas.

El vaciado en escayola de una escultura de mármol para uso de estudiantes de dibujo académico en una escuela de Bellas Artes nos sugiere una serie de reflexiones diferentes que esa escultura romana, asimismo traslado, «traducción», al mármol de una «imagen» fundida originalmente en bronce griego, rescatada de la galería de un palacio o un teatro del tardío imperio, reconstruida por un escultor barroco para la ostentación de un cardenal coleccionista de antigüedades, y exhibida en la actualidad en un museo de entrada gratuita, entre relieves asirios y tiendas de *merchandising*.

No nos vayamos muy lejos: en el siglo XVI, los poetas italianos, expertos ya en componer poemas latinos en una lengua y un estilo dignos, si no de Virgilio, al menos de algún epigramatista discreto, se vieron forzados a poner en pie todo un sistema de correspondencias adecuadas para trasvasar en lengua toscana los contenidos de los textos latinos, correspondencias que luego fundamentaron todo un sistema de versificación adaptado tanto a las traducciones como a las imitaciones de Virgilio, Horacio, Ovidio, por los poetas españoles: así la *terza rima* de Dante, sirvió para adaptar el dístico latino propio de epístolas y elegías; la octava creada por Boccacio sirvió de nuevo molde para trasvasar los contenidos épicos acuñados en hexámetros; las diferentes combinaciones de versos de 11 y 7 sílabas (la «lira» española) modeló la oda horaciana, y el soneto estilnovista y petrarquista sirvió de acomodo a nuevos contenidos provenientes del epigrama. Toda una operación colectiva de acomodación, por parte de estos poetas renacentistas, de transculturalidad, que incluyó soluciones tan variadas como, por una parte, la introducción de la rima (desconocida, como es bien sabido, por la poesía clásica latina) o la preservación ocasional del verso blanco, que consiguió sobrevivir, a través del neoclasicismo, de algunos cantos de Leopardi, hasta nuestros tiempos, y que, desde el comienzo de mi propia actividad como traductor, consideré el molde más adecuado para la traslación de los textos versificados sobre los que comencé a trabajar: Baudelaire y Dante.

Volvamos al comienzo. Tengo como principio programático no intentar traducir un texto que no me garantice obtener unos resultados lo suficientemente satisfactorios como para que el trabajo merezca la pena. De igual manera que me proclamo «posibilista», trabajando sobre textos cuya utilización de la lengua originaria permiten un margen suficiente que pueda adaptarse a las posibilidades y los recursos de la nueva lengua (convenientemente usados, eso sí, por la habilidad del traductor empírico en cuestión), soy aún más consciente de la intraducibilidad intrínseca de otros muchos (insisto, de la intraducibilidad poemática, no de la trasliteración descodificadora) El traductor debe saber ante todo cuándo suspender el trabajo, cuándo el resultado ya no merece la pena; o hasta dónde es posible llegar, hasta dónde el resultado es aceptable y los recursos de *compensación* se pueden estirar para preservar los valores últimos irrenunciables que anteriormente hemos señalado. Pero hasta ese momento de la renuncia, ha de trabajar con el mayor grado de exigencia para salvaguardar dichos valores.

Por ello mismo, la primera interrogación que se nos debe plantear es acerca de la condición poemática del texto que va a ser traducido; una identificación correcta de los procedimientos utilizados, una valoración de su grado de pertinencia, una ponderación de su maleabilidad, de su plasticidad, y tras ello una decisión que tenga la mayor capacidad de aplicación general (pongo un ejemplo: si nos vemos en la necesidad de traducir un soneto de Petrarca, la decisión de mantener el endecasílabo debe ser aplicada en los 14 versos; si decidimos aplicar unos efectos de rima, estos deben abarcar igualmente todo el espacio textual; si decidimos traducir «todo» el cancionero, estos criterios deben ser aplicados de igual modo en «todo» el espacio acotado, etc.)

Como la expedición de los griegos a la conquista de Troya debe pasar por el Ifigenia, la traducción debe comenzar con un sacrificio, con una pérdida que posibilite una mayor ganancia. El sacrificio, por grande que parezca, debe estar al servicio de lo irrenunciable. Y lo irrenunciable, como fin último, está unido igualmente a unas constricciones a las que someterse, como a las reglas de un juego; reglas cuya rigidez, precisamente, dan aliciente a ese juego que merece la pena ser jugado. Pero, tal vez, una traducción debe de estar acompañada igualmente de una trangresión; libremente elegida, deliberada, atrevida e innecesaria, una trangresión que permita afirmarse aún más en las constricciones a las que ha decidido someterse. Así, en mi revisión, o más bien nueva traducción, de la *Commedia,* decidí romper con el hipnótico «Nel mezzo del cammin di nostra vita», y con su impronta en la memoria cultural general tan profunda como «En un lugar de la Mancha, de cuyo nombre no quiero acordarme» y , conservando todos los elementos semánticos, e incluso el determinante «nostra», normalmente soslayado en otras traducciones versificadas, y reconstruirlo de esta otra manera:

Mediado el curso de nuestra existencia.

Semejante decisión obró en mí como si de la resolución de un koan se tratase[3].

En los últimos años de cierto alejamiento, he tenido ocasión de poner al día ciertos criterios, y aplicarlos a trabajos de no mucha envergadura, que son los que te permiten, a mi modo de ver, un campo de experimentación que no toleran obras de mayor calado, ante las que el traductor se muestra más respetuoso y el público más exigente. Obras que apelan más a la condición mediadora en una experiencia de acercamiento por parte del lector llevado por su curiosidad literaria o por sus necesidades académicas, a un texto reverenciado; experiencia que es, al tiempo, fruición estética y enriquecimiento cultural; y mediación, por tanto, que no puede defraudar ninguno de estos dos requerimientos.

Expondré, para ilustrar esta variación de criterios, algunos ejemplos, aunque en algunos casos, más que de variación se trate de generalización de recursos que ya había aventurado tímidamente en trabajos míos más atiguos[4].

---

[3] Aunque la revisión de la traducción de la *Commedia* aún no ha aparecido en su integridad, puede consultarse una muestra en *Divina Comedia (Selección),* Editorial Cátedra, Colección Cátedra Base, 2007; los fragmentos allí seleccionados responden a nuevos criterios de traducción; en el prólogo a dicha edición pueden encontrarse más desarrollados dichos criterios, así como en mi ponencia «Criterios rítmicos para una revisión de la traducción de la *Divina Comedia*» presentada en el segundo Encuentro de Traducción Literaria de Rosario, Argentina, en noviembre de 2006; las actas de dicho encuentro han sido publicadas por el Instituto Cervantes.

[4] Así la rima en algunos sonetos de Verlaine recogidos en *36 sonetos,* Hiperión, Madrid, 1985; el implemento métrico en *El sollozo de la Tierra* de J. Laforgue, Pre-Textos, Valencia, 2005; y la

I. DE LA VERSIFICACIÓN MÉTRICA A LA RÍTMICA

Indagando en los últimos años acerca de la condición poemática de ciertos textos trovadorescos, de la cual poco se podía captar a través de una traducción, por más que ésta mantuviera una apariencia versal y estrófica, me esforcé en buscar su musicalidad, su sonoridad poemática en la lectura de su arduo provenzal original; este esfuerzo por decir, por recitar, estas estrofas de tal manera que finalmente «sonaran a poema», más allá de la distribución de las rimas y los esquemas métricos, me reveló claramente que los enunciados poéticos no se pautaban melódicamente siguiendo un cómputo silábico, sino que se acomodaban sobre un cañamazo rítmico, basado en la sucesión de «pies» definidos por la alternancia de sílabas átona y tónica. Así, por no extenderme en exceso sobre este trema, motivo de otra investigación, transcribo la primera estrofa de la famosa canción de Guillermo de Aquitania:

> *Ab la dolchor del temps novel*
> *Foillo li bosc, e li aucel*
> *Chanton, chascan en lor lati,*
> *Segon lo vers del novel chan:*
> *Adonc esta ben c'om saisi*
> *d'acho Dont hom a plus talan*

Estrofa que Martín de Riquer translitera del siguiente modo:

---

libertad de combinación de heptasílabos y endecasílabos en algunos de los cantos de Leopardi, recogidos en *Cantos escogidos*, Hiperión, Madrid, 1998.

> Con la dulzura del tiempo nuevo los bosques se llenan de hojas y los pájaros cantan, cada uno en su latín, según el verso del nuevo canto. Entonces conviene que cada cual se provea de aquello que más anhela.

Y que define métricamente como una sucesión de octosílabos. De esta misma estrofa, Carlos Alvar, en una ya vieja edición, nos ofrece esta traducción[5]:

> Con la dulzura de la primavera
> Echan hojas los bosques, y los pájaros
> Cantan cada uno en su latín,
> Según las nuevas melodías:
> Entonces cada uno debe proveerse
> De lo que más le apetece.

Invito ahora al lector a releer la estrofa originaria según un modelo rítmico que denominaremos tetrápodo yámbico, es decir, una sucesión de cuatro pies que alternan la sílaba átona con la tónica (oó/ oó/ oó/ oó/), es decir:

> *Ab LA/ dolCHOR/ del TEMPS/ noVEL*
> *foiLLO/ li BOSC/ e LI/ auCEL/*
> *chanTON/ chasCUN/ en LOR/ laTI*
> *seGON/ lo VERS/ del NO/ vel CHAN:*
> *aDONC/ esTA/ ben C´OM/ s´aiSI*
> *daCHO/ dont HOM/ a PLUS/ taLANT.*

---

[5] Para la edición de Guillermo de Poitiers y la traducción de Martín de Riquer, *Los trovadores. Historia literaria y textos*, volumen I, Ariel, Barcelona, 2001; para la versión de Carlos Alvar, *Poesía de trovadores, trouvères y Minnesinger*, Alianza, Madrid, 1982.

Doy ahora, modelada sobre este cañamazo rítmico, mi propia versión:

> Con EL dulZOR priMAverAL
> verDEa el BOSque y CANtuRREan
> caDA-Una en SU laTIN las Aves
> seGUN el SON del CANto NUEvo:
> de CUAnto ansIe CAda CUAL
> haCER aCOpio es MEnesTER.

La supresión de la rima, fundamental para la condición poemática del texto original, se ve aquí compensada con la insistencia rítmica, y con una cierta saturación tímbrica.

Esta nueva concepción de la versificación, en la que predomina el ritmo sobre la melodía, ha sido decisiva en mis nuevos planteamientos, en primer lugar, porque estos esquemas rítmicos a los que me refiero (heredados a través de la poesía latina medieval, litúrgica o goliárdica) están en la base común de toda la poesía europea; en segundo lugar, porque, casi sin alterar, llegan hasta los grandes poetas del siglo XIX, en incluso hasta poetas contemporáneos que vuelven a los esquemas métricos[6].

---

[6] Ya terminando de redactar estas notas recibo el número 22 de la revista *Can Mayor* (Tenerife), abril de 2008. En él se recoge la versión castellana del poema «Don Juan» del recientemente fallecido Josep Palau i Fabre. La versión es de Andrés Sánchez Robayna y Clara Curell. Se trata de un soneto compuesto en eneasílabos rítmicos, es decir, el citado tetrápodo yámbico; doy su primer cuarteto: «Ved que su médula es oscura, / fosforescentes sus ungüentos. / En el negror, fosco de vientos, / palpa la luz de la ventura».

Traducir esta poesía procurando atenerse a dichos ritmos no sólo restaura de la mejor manera el valor poemático del texto traducido, sino que contribuye a reconstruir la unidad cultural diacrónica y diatópica en que estas creaciones se han producido y evolucionado.

Ya en las jornadas del pasado verano en Castrillo de los Polvazares tuve la ocasión de apuntar esta innovación, y su aplicación en vistas a una revisión de buena parte de los poemas de Baudelaire contenidos en *Las flores del mal*.

En efecto, una de las mayores dificultades que me supuso aquel trabajo fue la adaptación del verso francés de ocho sílabas, correspondiente a un eneasílabo castellano, para el cual me faltaban modelos sonoros a los que recurrir, por ser este verso de poco uso en la poesía castellana. Leídos en forma de tetrápodos yámbicos (oó/ oó/ oó/ oó/), estos supuestos «eneasílabos» de acentuación fluctuante a la manera de Rubén Darío o José Hierro (*Juventud, divino tesoro*) adquirirían una nueva sonoridad y apuntaban hacia otro modelo de traducción más eficaz[7].

---

[7] Meses después, en un taller realizado en la Casa del Traductor, de Tarazona, pude llevar a la práctica, con la ayuda de un excelente grupo de asistentes, estos nuevos criterios, aplicados tanto a poesía renacentista como a mis propias versiones de Baudelaire. Doy como ejemplo una nueva versión del primer cuarteto del soneto en *octosyllabe* francés, «La pipa»: «De un escritor la pipa soy / se puede ver en mi apariencia / o de cafreña o de Abisinia / que es mi amo un grande fumador».

II. VUELTA A LA RIMA

He dicho desde el principio que el recurso al verso blanco ha sido casi programático en mi trabajo. Este recurso, que aplicado sobre textos versificados en endecasílabos o alejandrinos (y siempre que no fueran las rimas de Mallarmé) me pareció que podía sostener adecuadamente, con la ayuda de otros elementos tímbricos compensatorios, la condición poemática del original, era letal en otro tipo de composiciones (Laforgue, Verlaine) en que el efecto estético estribaba, en buena medida, precisamente en ese juego de rimas, sin las cuales la eficacia del texto recreado se acercaba o traspasaba el anteriormente citado umbral de lo tolerable, haciéndolos intraducibles para nuestros intereses.

Sin embargo, en los últimos tiempos he experimentado (en algún caso, como he dicho, que no suponga excesivo compromiso, y donde la «literalidad» puede ser sacrificada de vez en cuando más impunemente, en aras de una sonoridad más «de época») con la vuelta a la rima.

Próximamente aparecerá en la colección malagueña El Violín de Ingres, dedicada a publicar obra poética de personajes conocidos en otra actividades, de Jules Verne a Abrahan Lincoln o de Ernesto *Che* Guevara, una selección de poesías de Francisco I de Francia, cuya traducción me fue encomendada[8].

No hay ninguna «necesidad» de conocer, ni de traducir, por tanto, estos poemas (a diferencia de la obra de

---

[8] Francisco I de Francia, *Versos reales*. Selección, presentación y traducción de Luis M. de Merlo, Málaga 2000.

Baudelairee, de Dante, o de Leopardi). La labor del traductor, precisamente por su gratuidad, por su carácter caprichoso, al ejercitarse sobre textos de carácter menor, puede experimentar con diferentes modelos de traducción con mayor libertad y desenvoltura. La primera versión de estos poemas la llevé a cabo según mi vieja regla del verso blanco, pero, una vez terminada, vi la conveniencia de revisar los resultados —discretos, aceptables, pero un tanto opacos y deslucidos— y colorearlos, como quien retoca una fotografía en blanco y negro con acuarela. El esquema de rimas elegidas no se corresponde con el de los poemas originales, y varían de unos a otros; igualmente se ha escogido la rima asonante. Se trata no de una correspondencia, sino sino de la recuperación del concepto de rima como rasgo pertinente de poematicidad. Doy un breve poema en versión original, y dos diferentes versiones de él, para que pueda el lector de estas líneas apreciar el trabajo efectuado y la eficacia del resultado final:

> *Coeur à mouvoir plus fort et échauffer*
> *Qu'un dur rocher et qu'une froide glace,*
> *De quoi te sert de mon mal triompher,*
> *Et t'orgueillir de beauté qui tout passe :*
> *Par vrai amour ton amour je pourchasse ;*
> *De quoi ne m'as tant soit peu satisfait :*
> *Grace attendue est une ingrate grace ;*
> *Et bien n'est bien, s'il n'est promptement fait.*

Primera versión:

> Alma a inflamar y a conmover más recia
> que frío hielo o que peñasco duro,
> triunfar sobre mi mal de qué te vale,

> y envanecerte de beldad huidiza;
> cual verdadero amor tu amor persigo;
> y qué bien poco de él me has satisfecho:
> gracia esperada es una ingrata gracia,
> y el bien no es bien, si no se le hace pronto.

Segunda versión:

> Alma a encender y a conmover más recia
> que frío hielo o que la roca dura:
> triunfar sobre mi mal de qué te vale,
> y ufanarte de huidizas hermosuras:
> voy tras tu amor cual verdadero amor;
> y qué bien poco me has correspondido:
> favor que tarda es un favor ingrato;
> y el bien no es bien, si al punto no es venido.

III. DISOLUCIÓN DE LA ESTROFA

En mi trabajo sobre las Canciones de Dante incluidas en la *Vita nuova,* me esforcé en reflejar en la traducción la correspondencia exacta entre endecasílabos y heptasílabos cuya alternancia constituye la estructura estrófica de dichas composiciones[x]. Esta correspondencia verso a verso hacía a veces la traducción un poco rígida, o dificultaba la comprensión del discurso dantiano, ya de por sí sutil y enrevesado en no pocas ocasiones.

Recientemente, trabajando sobre otras canciones de Dante y de Cavalcanti, me planteé como metas la preservación de la información (es decir, la literalidad) junto con la fluidez del discurso y la facilidad de la comprensión. Para ello, volviendo a examinar los rasgos pertinentes de poeticidad, decidí romper la atadura del esquema métrico de la estancia, y dar la pertinencia a la mera alternancia de endecasílabos (releídos ahora en forma rítmica, según lo apuntado más arriba, mejor sería hablar de pentápodos, o pentámetros yámbicos, a la manera de los que conocemos en Shakespeare) y de heptasílabos (o más bien trípodos yámbicos) sin buscar la correspondencia verso a verso. De esta manera el discurso se modela sobre un cañamazo rítmico equivalente: alternancia yámbica de tres y cinco pies, pero no idéntico, y se hace más maleable, permitiendo al mismo tiempo una mayor fidelidad. La estancia así trabajada da como resultado una estrofa más larga que la original, y cada una de las estancias de la Canción, en lugar de repetir el mismo esquema, se organiza de diferente modo en alternacia 11-7.

Una operación parecida apliqué a sonetos del propio Dante o de Cavalcanti añadiendo en algunas ocasiones un implemento rítmico de tres pies (heptasílabo), con el resultado de difuminar la forma misma del soneto. Doy como ejemplo los dos primeros cuartetos del soneto de Cavalcanti «Tu m'hai sì piena di dolor la mente»:

> Tanto has llenado de dolor mi mente
> que el alma se dispone a su partida,
> y los suspiros que mi dolorido
> corazón lanza, muestran
> a quien me ve, que ya no aguanto más.
>
> Amor, que sabe de tu poderío,
> dice: «pena me da de que tú mueras
> por esta fiera dama, que a ninguna
> compasión hacia ti
> parece que quisiera dar oídos».

Los cuatro bloques que habitualmente dividen el soneto quedan preservados, pero los 14 versos se convierten en dieciséis o diecisiete, como una pequeña silva.

Hablaba páginas arriba de renuncia y de transgresión; creo que los resultados así obtenidos preservan la condición poemática de los textos originales, ofreciendo, eso sí, un *tempo* de lectura o de recitado más sinuoso, pero más ajustado a la palabra que queremos hacer llegar al lector, no meramente como muleta, sino como un pleno valor poemático, como valor aportado (si no «añadido») por la tarea del traductor que el lector (al menos en teoría) ha elegido como mediador para su experiencia estética.

Víctor Andrés Ferretti

TRADUCCIÓN COMPONIBLE. UN ALEGATO EN FAVOR DE LA LITERARIEDAD

I

> «*Por eso descreo de las traducciones de Shakespeare, porque, como lo esencial y lo más precioso de él es lo verbal, pienso hasta qué punto lo verbal puede ser traducido. Hace poco alguien me dijo: "Es imposible traducir a Shakespeare al español". Y yo le contesté: "Tan imposible como traducirlo al inglés"*»[1].

En estas palabras ambiguas de Jorge Luis Borges, se halla una de las razones por las que traducir no significa solamente trasladar semántica a otro idioma, sino, asimismo, instaurar una dinámica estética: «lo verbal» que, de hecho, podría denominarse «lo literario» o, mejor dicho, literariedad.

Esta última se deja concebir como una disposición literaria que tiene menos que ver con gustos específicos y más con recursos retóricos y poéticos. En cierta medida,

---

[1] Fernando Sorrentino: *Siete conversaciones con Jorge Luis Borges.* Buenos Aires 2001, p. 72.

la literariedad está sujeta, principalmente, a mecanismos discursivos; pero existe un punto de (contra) fuga que, en cierto modo, se sustrae a cualquier condicionamiento: su carácter de desviación. O sea, la literariedad, como se plantea aquí, es una licencia textual que toma el lenguaje común[2] como modelo relacional para fabricar, con él, lo imaginario y, substancialmente, con el lector[3], un acontecimiento[4] literario.

No obstante, cuando se trata de transponer un texto literario a otro idioma, lectores profesionales, autores, editores —hasta el mismo traductor— muchas veces devienen ejecutivos de lo intencionado, «traducible», «factible», con lo que una licencia dispositiva se trasforma en dependencia discursiva.

---

[2] Es importante señalar que ese potencial diferenciador de un lenguaje literario siempre está acoplado a correspondientes costumbres. Por eso es imprescindible reflexionar esto en (y con) cada traducción, ya que, p. ej., una licencia en español puede parecer nada singular en alemán; y cabe reflejarlo, creando/innovando respectivas desviaciones (no sólo sincrónica, sino también diacrónicamente). Lo último ha sido postulado ya, entre otros, por el estructuralista ruso Roman Jakobson en su famoso «Closing Statement: Linguistics and Poetics», en: *Style in Language*. Ed. Th. A. Sebeok. Cambridge (Mass.) 1964, pp. 350-377, aquí p. 352. Un ejemplo concreto para la necesidad de reflejar licencias bipolarmente se ofrecerá más adelante (5) en la traducción del quinto verso del poema «minus zwölf».

[3] Por concisión «lector», «traductor», etc. se usan en este artículo epicenamente.

[4] Para un desarrollo del acontecimiento como se entiende aquí, vid. Gilles Deleuze: *Logique du sens*. París 1969, pp. 174-179 y pp. 83-91.

Por lo tanto, las siguientes consideraciones quieren lanzar una mirada (auto)crítica[5] en dirección a una supuesta intraducibilidad de «lo verbal», partiendo del concepto de literariedad[6].

II

Que un texto literario haya sido escrito con una cierta intención o que contenga un cierto tenor es algo que, quizá, suene patético, pero que tiene su alcance. Ahora bien, si cualquier intencionalidad es siempre, como lo pone en evidencia el inferencialista estadounidense Robert B. Brandom, ya producto de condiciones normativas[7] —para poder deducir qué quiso decir un autor, primero hay que suponer que éste tuvo intención de (decir) algo (o que algo lo llevó a tener una intención)— , ello subraya que tener una intención es, por sí mismo, fabricar significación. Y con el teórico literario alemán Wolfgang Iser se podría insistir en que la intencionalidad, asimismo, es algo paradigmática-

---

[5] El autor de este alegato es romanista y filólogo, mas también traductor literario semi-profesional; por ende, no elude lo que en lo siguiente le corresponda.

[6] A diferencia de la literalidad, la literariedad no es fiel a lo fijo, (pre)definido, sino a lo dinámico, en movimiento; es decir, al acontecimiento literario que, *eo ipso*, no desemboca en un texto o sentido exacto o propio.

[7] Vid. Robert B. Brandom: *Making it Explicit. Reasoning, Representing, and Discursive Commitment.* Cambridge (Mass.) 1998, pp. 55-63.

mente imaginario[8]. Con lo cual, se puede recalcar que lo intencional más que gnosis es manifestación de (no) sentido. Lo que obliga a cualquier traductor a no dejar que sus (pre)disposiciones personales (idioma[9], intelecto, experiencia, imaginación, etc.) circunscriban un texto, limitándolo a una experimentación subjetiva y, más concretamente, a un *habitus*. Y vale memorizar, en relación con esto, lo que le replica Don Quijote a Sancho Panza en cuanto a su singular experiencia en la Cueva de Montesinos (II, 23): «[T]odas las cosas que tienen algo de dificultad te parecen imposibles».

Probablemente sea esa supuesta imposibilidad lo precario cuando se trata de traducciones literarias. En cierto sentido, valdría sugerir que es preferible que un traductor no haya captado (o no haya hallado) una intencionalidad de texto a que, por ésta, haya imposibilitado su literariedad. Puesto que la última significa un campo abierto para todo lector; la primera, concluyentemente, una restricción por medio del traductor.

No es inconcebible que las editoriales prefieran publicar libros «legibles», mas no se concibe la razón de por qué un traductor tiene que servir como fiscalizador de lo literario. Y, muchas veces, es él mismo quien antes de hacer el ridículo prefiere ceder la diversión y diversifi-

---

[8] Vid. Wolfgang Iser: *Das Fiktive und das Imaginäre. Perspektiven literarischer Anthropologie*. Francfort del Meno 1993, p. 27.

[9] Un caso extremo sería cuando un traductor no hace (o no sabe hacer) distinción entre un dialecto y un registro, siendo el primero una limitación, el segundo una pluralidad de discurso. Para un estudio lingüístico de lo último, Vid. Michael A. K. Halliday: *Language as social semiotic. The social interpretation of language and meaning*. Londres 1984, pp. 31-35 y p. 157.

cación de un texto a dicha intencionalidad. Cierto, uno sólo puede traducir lo que ha entendido[10]; pero si se habla de literatura con oportuna seriedad es, además, necesario estudiar el texto contextualmente: analizar su sintaxis, semántica, pragmática para poder, encima de esto, advertir (y abogar por) sus específicas licencias, su traspasar, o sea, su literariedad.

Los motivos por los que muchas traducciones literarias optan por una simplificación del hipertexto (*i. e.*: texto «ulterior»)[11] no son meramente de comodidad, sino, sobre todo, «tácticas», ya que la critica literaria opera de manera monolingüe; es decir, se reseña, en principio, lo que se escribe en y traduce a *un* cierto idioma, no importa cuándo se haya publicado la *editio princeps*[12]. De modo que las traducciones «compiten» con hipotextos (*i. e.*: textos «originarios»). Y eso significa que para interesar hay que alisar, presentar un libro genuino *que no parece ser una traducción*. Mas si estuviésemos obligados a consultar bibliotecas plenamente monolingües, con estantes llenos de libros normalizados, imaginarse un sintagma desconocido, un (no-)sentido foráneo seguramente supondría un alivio para algunos, si no muchos.

---

[10] No dejando de lado que el étimo de «entender» es el latino *intendere*.

[11] Se entiende que «ulterior» aquí sólo se refiere a una relación abstracta de genética textual, dado que muchas traducciones se leen *antes* que sus textos originarios.

[12] Esa circunstancia también se refleja en las librerías, donde existe inferioridad numérica de lugares que venden ediciones originales junto a sus respectivas traducciones.

Tanto como es perfectamente comprensible que el «sistema literario» suele suponer «didácticamente» a un *simplex lector,* tanto así el traductor literario debería tratar de instalar un acoplamiento estructural[13] entre el texto originario, su traducción y comparables[14] hipotextos en la lengua de destino, dejando como suplemento las relaciones monolingües (*i. e.*: nexo entre traducción e hipotexto[s] equiparable[s] en el idioma del hipertexto)[15]. Y para esto, no basta con que sea un competente e instruido hablante de la lengua de destino; es igualmente imprescindible que —a más de cierta capacidad analítica— declare el dominio del idioma hipotextual (con sus registros) y el conocimiento de los recursos literarios de su propiedad para poder ser lo más sensible a cualquier desviación textual y, consiguientemente, vislumbrar literariedad *multi* lingualmente[16]. (Y habría que retener aquí que a un traductor literario, más que habilidoso escritor, le tocaría ser habilitado lector.)

---

[13] El concepto de la *strukturelle Kopplung* (en la que se expresa la complejidad de una observación correlativa) se expone concisamente en: Niklas Luhmann: *Die Wissenschaft der Gesellschaft.* Francfort del Meno ³1998, pp. 163-166 (en es.: ídem: *La ciencia de la sociedad,* México, D. F./Barcelona 1996, [final de] cap. III).

[14] Posibles categorías de comparación serían, p. ej., registro, poética, época, etc.

[15] Para una aplicable base metodológica Vid. Elke Teich: *Cross-Linguistic Variation in System and Text. A Methodology for the Investigation of Translations and Comparable Texts.* Berlín/Nueva York 2003.

[16] Es evidente que la traducción técnica se centra primordialmente en lo semántico y la traducción literaria debe, particularmente y aparte de eso, tratar de meditar cualquier cualidad literaria textual (en los dos idiomas).

III

Una de las frases menos lúcidas de un traductor literario es indudablemente: «Esto no se puede decir así en mi idioma.» Equivaldría a proclamar que sólo lo positivo es posible. Y, lamentablemente, es siempre una frase casi común entre traductores cuando se llega a zonas periféricas de la expresión. Ya sea el miedo de que alguien pueda suponer que uno no domine bien «su» idioma, o que uno, posiblemente, no haya entendido bien el texto «originario»; sea una simple restricción: si el hipotexto se pasa de la línea, el hipertexto debería acompañarlo. Porque muchas veces ese «no se puede», ese *nescio* es, precisamente, una cuestión bilingüe.

De esta manera, parece preciso tener en mente una relevante diferenciación que introdujo el filósofo alemán Gottfried Wilhelm Leibniz en el contexto de la teodicea, diferenciando lo posible de lo *com*posible y, respectivamente, lo imposible de lo in*com*posible. No es éste el lugar para profundizar cuestiones de *doxa*, pero sí para señalar que no todo lo que se considera in*com*posible es también imposible. La in*com*posibilidad de Leibniz, solamente, pone en evidencia que aunque dos entidades no sean posibles al mismo tiempo, en un mismo lugar, sí pueden seguir siéndolo separadamente[17].

Proyectado sobre el tema de la traducción literaria, se podría resaltar que la relación hipo/hipertexto sigue reglas de composibilidad que en un contexto traductoló-

---

[17] Para una discusión refinada del concepto de la incomposibilidad en Leibniz, vid. Deleuze: *Le pli. Leibniz et le baroque*. París 1988, pp. 79-102.

gico cabría mejor nombrar componibilidad[18]. Dos textos son, en primer lugar, componibles, si resultan concordables consigo mismos. Lo que no sólo supone una coherencia semántica, sino, además, la correspondiente conciliación de operaciones literarias. Un texto en español, por ejemplo, que (ab)usa de la inversión, no requeriría ser rectificado por una traducción alemana, ya que esto perjudicaría su literariedad, la cual, muchas veces, se destaca precisamente por ese licencioso uso «incorrecto» del lenguaje, por ese «no se puede» que sí se puede[19].

En ocasiones, sin embargo, un texto literario contiene aparentes *lapsus* que el traductor, después de haberse cerciorado de su posible función literaria (¿*vitium* o catacresis, zeugma, anacoluto, *constructio ad sensum,* hipálage, *jeu de mots,* solecismo, vulgarismo, etc.?), pedantemente puede pulir[20]. En cambio, tratar de

---

[18] Un termino aún más actual sería la «compatibilidad».

[19] Esto no implica que, p. ej., una traducción prosificada o prosificadora de un bifurcado poema no sea utilizable para un primer o escolar entendimiento del texto, etc. No obstante, uno no debería confundir una respectiva *translatio* —sea de entendimiento, parafrástica, simplificadora, literal, etc.— con dicha traducción literaria que, justamente, no opta por reducir complejidad, sino por disponerla al alcance de todos. (En otras palabras: un traductor literario no necesita ser Hermes ni Prometeo para dejar al texto esclarecerse a sí mismo.)

[20] Para un examen más amplio sobre cuestiones de normatividad en un contexto literario/artístico, vid. Harald Fricke: «Norm und Abweichung – Gesetz und Freiheit. *Probleme der Verallgemeinerbarkeit in Poetik und Ästhetik*», en: *Germanistik und Komparatistik. DFG-Symposion 1993.* Ed. H. Birus. Stuttgart/Weimar 1995, pp. 506-527, aquí pp. 506-511.

mejorar un hipotexto, emularlo con la traducción, esto sólo debería aplaudirse, si la componibilidad literaria se respetó en especial[21].

¿Pero quién decide sobre esto? ¿El autor, (sus herederos,) el traductor mismo, el editor, un crítico? La respuesta es: la lectura. De allí surge que una traducción no debería estar afiliada a una persona concreta[22], sino a todo pasado, presente y *futuro* lector del texto. Esto incluye a los «sospechosos de siempre» y no excluye a los desconocidos. En fin, cualquier texto literario sin lector es menos, puesto que para dinamizar las letras, para darles su «sabor», sonido, sentido hace falta un cómplice, un lector (des)conocido. Luego, la componibilidad literaria sería algo como el imperativo de cualquier traductor interesado en que un lector pueda no sólo enterarse de *qué* pasa en un texto literario, sino, sobre todo, *cómo*. Y ese «cómo» es esencialmente su literariedad. (Y su *cuándo,* efectivamente, sería su disposición de acontecimiento.)

IV

Muchas veces, la famosa frase de Ludwig Wittgenstein «*Die Grenzen meiner Sprache* bedeuten die Grenzen meiner Welt» («*Los límites de mi lenguaje* significan los límites de mi mundo»; Tractatus, 5.6) ha sido mal

---

[21] No olvidando los consejos horacianos en cuanto a la *imitatio veterum*, por cierto.

[22] Lo cual no impide que sea dedicada a alguien implícita/explícitamente.

usada, y aquí, por lo menos, será abusada. Pues el concepto de *native speaker*, es decir, de lengua materna, con relación a la capacidad traductora no vale mucho. Sólo porque alguien tiene, por ejemplo, como lengua nativa al español no tiene más derechos de exponer sus límites sociolingüísticos que una persona que la estudió. Ni existe una *ius solis* ni una *ius sanguinis* en cuanto al lenguaje. Positivamente, la realidad profesional es otra: infinidad de personas alzan el estandarte del *native speaker*, intervienen decididamente en sesiones de trabajo (y foros virtuales) si algo «no se puede decir así», proclaman la «inexistencia» de lo ya dicho y, con ello, demuestran nada más que los límites de *su* propio lenguaje-mundo[23].

Pero existe también otra perspectiva menos solipsista: la de no limitarse al conocimiento de la lengua autóctona, sino aplicar al idioma una perspectiva forastera y estudiosa. Por ejemplo, leer giros literalmente, notar cierta falta de adjetivos, hojear glosarios, y tantas cosas más. (Y quien considera que los diccionarios son básicamente algo para extranjeros o iletrados cumple, *ex negativo*, con la frase wittgensteiniana.)

La maestría de un idioma en cuanto a la traducción no debería ser cuestión de pasaporte, sino de capacidad de reflexión sociolingüística (que incluye el distanciamiento). Lo que uno no dice o no conoce, no deja por eso de (poder) existir. Persistentemente, debería ser el

---

[23] Para despejarlo: existe una significativa diferencia entre la supuesta imposibilidad de una expresión y su incomponibilidad. El paradigma de la primera sería un sistema normativo; el de la última, el dinamismo hipo/hipertexto.

contexto el que decide y no el entorno (discursivo) del traductor.

Aún más, la traducción literaria puede aportar una ampliación de conocimientos de la lengua materna; incluso la puede enriquecer, si uno lo admite. Por lo tanto, es lícito que una traducción contenga algo desconocido, algo que «normalmente» no se haría ni se diría de semejante manera, un transparentar (de) lo diferente. ¿Por qué una descripción de, por ejemplo, un fiordo noruego vertida al español no puede tener ni seguir una sintaxis algo diferente, algo novedosa, si el hipotexto lo licencia? ¿Por qué se planchan los pliegues?

Una posible respuesta podría ser que el lector culto no quiere percibir que está leyendo algo traducido, quiere leer un texto como si él manejase competentemente el idioma del hipotexto. Empero, a ese lector se le tendría que explicar francamente que, pese a eso, se optó por conservar una cualidad literaria que el texto «originario» despliega con sus propias palabras y que eso es algo perfectamente válido. La mera razón de que alguien no llega a apreciar la literariedad de un texto (efectivamente, sólo está interesado en lo «escrito») no prueba que ésta no siga irisando. Y, acaso, sirva éste como un lema de cualquier traductor literario: no por causa de que uno traduce literatura (o es mal remunerado) es traductor literario, sino, sobre todo, porque uno vislumbra, guarda y defiende la literariedad de (todo) texto y, justamente, no «sólo» su semántica plegada[24].

---

[24] Obviamente, la literariedad es un más allá de la semiótica, con lo cual la mejor *tool* para la traducción literaria sigue siendo la lectura. Y por eso es tan substancial que un traductor se conciba a

V

Después de estos apuntes con relación a lo que se podría denominar una *hybris* (y no-hibridez) del traductor, conviene ratificar lo señalado mediante un texto del poeta suizo Raphael Urweider (nacido en 1974), que se publicó en 2004 en la revista alemana *Lose Blätter* y que servirá como un ejemplo para demostrar que, antes de declarar «intraducible» un texto literario, vale negociar la componibilidad bilingüe de su literariedad. Este poema dice literalmente:

1   minus zwölf

> *eisschollen gleich*
> *treiben träume auf dem*
> *noch nicht erstarrten see*
> anja robben

1   der fluss ergraut, die hügel wie behaart
2   durch dünne bäume, bäume schwarz durch schnee:

---

sí mismo, inherentemente, como *un* lector. Si, ahora, el estilo de un texto no le deleitase demasiado, siendo él un 'representante' de lectores y no de una sociabilidad lectoral, su traducción literaria no debería ajustarse a (y conformarse con) su lectura privada y personal, sino seguir abiertamente la literariedad y semiótica del hipotexto. Objetar, entonces, que es más abstracto seguir al texto que a su propia lectura, sería, evidentemente, caer en la trampa solipsista. Puesto que *todo* lector tiene su derecho a su(s) singular(es) lectura(s); pero para esto es primordial que el traductor literario no sea el primero en reclamarlo, sino que conserve altruistamente en su traducción la máxima pluralidad y contingencia (*i. e.*: también-otra-posibilidad) de lecturas posibles que ofrece el hipotexto. Algo que no por ser difícil es (im)posible.

3   als wär ihr holz nur schatten. die donau dampft
4   so lange sie noch fließt bei minus zwölf.
5   darauf die scheiben eis wie sonnenscherben
6   (die ohne licht zu geben langsam driften
7   auf dem vom nebel abgedämpften wasser
8   die leeren reben aufgereiht am draht
9   die schwere erde aufgerauht und hart)[25].

El texto trata de una extensión de terreno invernal en la cuenca del Danubio. En los primeros tres versos se describe un paisaje gris: el río «encanecido», las colinas «negras de nieve», y el Danubio humeando. A partir del cuarto verso, el orador se refiere a la temperatura (y el título del poema) «menos doce», es decir doce grados bajo cero, en la que el río lentamente fluye con placas de hielo sobre el agua y cierta niebla; los dos últimos versos evocan una viña dura. El epígrafe del poema aporta unos sueños que flotan como pedazos de hielo sobre un frío lago.

En fin, ¿dónde se halla aquí la literariedad del texto?, o, más concretamente, ¿dónde exactamente se plasma su cualidad literaria, a más de ser un poema métrico sobre un paisaje danubiano publicado en una revista literaria?

La lectura comprueba: por todos lados. Empezando con el elíptico título (A); la antropologización del río con canas y de las colinas vellosas (B); luego, la breve aliteración con «d» en el segundo verso (C) y la anadiplosis arbórea «bäume, bäume», que conserva enfáticamente el bello verso blanco alemán con su ritmo yámbico[26] (D);

---

[25] *Lose Blätter. Zeitschrift für Literatur*, año 8, núm. 24, primavera de 2004, p. 801.

[26] Se trata de un pentámetro yámbico con cadencia masculina.

e, igualmente en ese verso: la construcción oximoral (rica en acontecimiento[s]) «schwarz durch schnee», que define negrura mediante nieve (E); después, el encabalgamiento en el tercer verso (F), anticipado por una ágil aliteración otra vez en «d» (G); el juego sintagmático del verso cinco, «scheiben eis wie sonnenscherben» (H)[27]; y, para terminar, los dos últimos versos que forman un vocalismo calibrado (*i[e]-e[e]-e-e-e-au-e-ei-a-a / i[e]-e-e-e-e-au-e-au-u-a*) (I) cuya *ostentativa* <u>desviación</u> se debe a la paronomasia «aufger<u>ei</u>ht» / «aufgerau*h*t» (J), que se instancia también gráficamente añadiendo una «h» sin aspiración al adjetivo alemán «aufgeraut» (frisado/a), de suerte que éste obtiene el mismo número de letras (diez) que su par de *annominatio* «aufgereiht» (enfilado/a).

---

[27] Este juego necesita una explicación aparte: es bien sabido que el alemán es un idioma en que se hace mucho uso de la composición, lo que facilita la creación de nuevos sustantivos sin atributos, etc. En el poema se juega con ese procedimiento cuando se separa una palabra conocida como «Eisscheiben» (placas de hielo) y se compone un neologismo «Sonnenscherben» ('pedazosol'). O sea, en lugar de decir «Eisscheiben wie Scherben [aus] Sonne» se separa lo conocido y se une lo abstracto. Es una pena que en español existan muy pocos poéticos ejemplos de palabras compuestas, y algunas corrientes de índole *hombre-mono, bocacalle, coliflor*, etc. Hay que agradecerle, en cierto sentido (poético), a Oliverio Girondo su insigne 'disparate' «ecosecos» de su poema «Rada anímica» *(En la masmédula,* 1953-56). La composición girondiana anima a manifestar que muchas veces parece más incomprensible el no-uso de una respectiva *licentia poetica* que su oscilación en un texto. Porque seleccionar de lo existente y (re)combinarlo nuevamente no constituye una enigmática *creatio ex nihilo*, sino un acto literario.

Finalmente, de estas diez operaciones retóricas, por lo menos, seis *nexus*[28] —(C), (D), (G), (H), (I) y (J)— suponen un problema para la traducción consciente de la literariedad del hipotexto. En términos de componibilidad, el verso segundo y los dos últimos reclaman una especial atención para trasplantar «lo verbal» del poema alemán al español. Dada la equilibrada métrica del hipotexto, con su énfasis en la palabra «bäume» en el segundo verso, y dado que su traducción al español provoca una palabra esdrújula («árboles»), parece conveniente optar por un hexadecasílabo (con aires dáctilos), de manera que una literaria versión española podría, *exempli causa*, decir:

menos doce

> *como témpanos de hielo*
> *flotan sueños sobre*
> *el aún no helado lago.*
> anja robben

el río encanecido, las colinas como peludas
por finos árboles, árboles nigérrimos de nieve:
como si su madera só' sombra fuera. El Danubio
echando humo mientras que escurre a menos doce.

---

[28] Se utiliza el término en el sentido expuesto por Willie van Peer en su *Stylistics and Psychology. Investigations of Foregrounding* (Londres 1986), es decir, como foco(s) de poeticidad en un texto (y no en el de Otto Jespersen en su *Analytic Syntax* [Copenhague 1937], donde indica un tipo sintáctico de nexo predicativo [p. ej.: *la traducción es mala*] que se difiere de la atributiva *junction* [p. ej.: *la mala traducción*]).

encima, las placas-hielo como pedazos de sol
(que sin desprender luces derivan paulatinamente
sobre el agua amortiguada por la neblina
las vaciadas viñas en el alambre enfiladas
la pesada tierra tiesa y de complexión frisada).

Esta variante no teme ser rara, ni pretende ser estupenda. Lo único que trata de ser es fiel a la semántica *y* literariedad del hipotexto, puesto que cada aliteración que se pierde, cualquier asonancia que se oprime, es una pérdida de cualidad literaria si no se «recompensan».

Seguramente, se puede discutir si el apóstrofo en «só'» (en lugar de «sólo»)[29] no es, sobre todo, apóstrofe para un lector prosaico y si las «placas-hielo» (en las que consuenan placas-cielo) no requieren demasiada tolerancia para comprenderlas. Pero una vez superados los regionalismos esteticistas sí se podrá, por lo menos, percibir que hay semiótica componibilidad de literariedad. Y donde el léxico estorba, se busca composible entrada. Por ejemplo: el vocalismo compartido de los dos últimos versos alemanes es difícil de conservar en español sin perturbar la sintáctica y semántica. Por eso, se ha

---

[29] Una opción menos poética, pero no menos literariamente licenciosa, sería traducir el tercer verso: «como su madera sola sombra fuera. El Danubio», conservando, con eso, la aliteración en «s» y originando un breve claroscuro vocal (*o-a-o-a*). «Sola» 'funcionaría' aquí como elipsis del adverbio «solamente» (o sea, sin el elemento compositivo), mas también como legible adjetivo, lo que le daría al sintagma español una polisemia (no se emplea la tilde diacrítica en alemán). Por lo demás, la omisión de la conjunción condicional «si» se explicaría, *ex post*, mediante el pretérito imperfecto de subjuntivo «fuera».

optado compensativamente por la introducción de dos aliteraciones conexas (vaciadas viñas / tierra tiesa) y la «locución adverbial» «de complexión», que no sólo sostiene el hexadecasílabo, sino que mantiene también el vocalismo (I) claroscuro *(au-u-a)* al final del último verso alemán.

VI

Es cierto, traducir lírica no significa trasladar prosa. Y tampoco toda la poesía (contemporánea) en alemán (así como en español) es tan «poética» como «minus zwölf». Mas si uno comprende que la literariedad se mide menos en cantidad de operaciones retóricas y más en el acontecimiento literario brindado por ellas —en la sensación, por ejemplo, de escuchar dos palabras (conocidas) por primera vez en conjunto; de que hay musicalidad vocal; de que una frase puede contener sólo una palabra y con ella encerrar todo un *caosmos*—, tal vez se entenderá que no importa a qué idioma uno traduce; la literariedad reclama persistentemente su desvelo. *«Porque si tradujéramos a Shakespeare a un inglés que no fuera el inglés de Shakespeare, se perderían muchas cosas. Y hasta hay frases de Shakespeare que sólo existen dichas con esas mismas palabras, en ese mismo orden y con esa misma melodía.»*[30]

En conclusión, lo imposible no es traducir un texto literario a un idioma extranjero; lo imposible es repetirlo sin arrebatarle una diferencia. Y es esa mayor valía la que

---

[30] Sorrentino: *Siete conversaciones con Jorge Luis Borges,* p. 72.

supone que un texto conserve su frescura literaria. Traducir en términos de componibilidad requiere poner de relieve lo divergente de cada lectura[31]. Por eso, es elemental no impedir un derivar textual, confeccionando textos de madera flotante.

Poniendo la literariedad de un texto sobre cualquier intencionalidad y declarando el principio de componibilidad (*i. e.*: dos textos son componibles si expresan un mismo texto contingente) como tendel de la traducción, la singularidad —no de un texto, sino— de cada lectura deviene (com)posible.

Borges, por ende, advierte la imposibilidad de reconstruir lo idéntico de un verso shakesperiano no sólo en español, sino, en particular, en inglés. Con lo aquí esbozado parece más comprensible su porqué: la literariedad, cuyo medio es «lo verbal», prueba ser una virtualidad textual. Algo que reclama ser actualizado, es decir, traducido de un *spatium* de textos posibles a un texto componible. Por lo tanto, el problema no es tanto la traducción, es, más bien, la diferencia de lo mismo; es la *vis repetitiva* de la literariedad: ese momento estético que nunca se repetirá, pero que por eso no deja de surtir efecto y, tal vez, causar *dulcedo*.

---

[31] En oposición a otros puntos de partida, aquí se sostiene la opinión de que un lector re-escribe (con sus ojos/oídos/dedos), mediante cada lectura, constantemente al texto. Así que no hay dos lecturas idénticas, dado que una segunda contendría ya una primera (o sea, inconscientemente), etc. Un traductor literario debería, en consecuencia, tratar de guardar todas las posibilidades en juego, valorando la literariedad de un texto más que una supuesta intencionalidad.

Si un día, ende, la traducción literaria llegase a ser aprobada menos por su calidad de representación (y su ímpetu de repetir lo irrepetible) y ponderada más por su potencial de acontecimiento, la perspectiva del traductor literario, potencialmente, cambiaría, y ya no importaría tanto si el verso siguiente resultase ser una traducción o no puesto que, de todas formas, se apreciaría su irrefutable y translingüística literariedad: «[U]pa tras perfluyue lunó.»[32] *Warum eigentlich nicht?*[33]

BIBLIOGRAFÍA

Borges, Jorge Luis: «Tlön, Uqbar, Orbis Tertius», en: ídem: *Obras completas*. Ed. C. V. Frías. Buenos Aires 1974, pp. 431-443.

Brandom, Robert B.: *Making it Explicit. Reasoning, Representing, and Discursive Commitment*. Cambridge (Mass.) 1998.

Deleuze, Gilles: *Logique du sens*. París 1969.

— *Le pli. Leibniz et le baroque*. París 1988.

Fricke, Harald: «Norm und Abweichung – Gesetz und Freiheit. *Probleme der Verallgemeinerbarkeit in Poetik und Ästhetik*», en: Birus, Hendrik (ed.): *Germanistik und Komparatistik. DFG-Symposion 1993*. Stuttgart/Weimar 1995, pp. 506-527.

---

[32] Jorge Luis Borges: «Tlön, Uqbar, Orbis Tertius», en: ídem: *Obras completas*. Ed. C. V. Frías. Buenos Aires 1974, p. 435.

[33] V. A. F. les agradece a Regina Veiga, Vittorio Ferretti, Gustavo Beade y a todos los que participaron en las discusiones en Sehlendorf (2006) y Castrillo de los Polvazares (2006/2007) sus perspectivas.

GIRONDO, Oliverio: «Rada anímica» [*En la masmédula*, 1954/56], en: ídem: *Obra completa*. Ed. R. Antelo. Madrid et al. 1999, p. 232.

HALLIDAY, Michael A. K.: *Language as social semiotic. The social interpretation of language and meaning.* Londres 1984.

ISER, Wolfgang: *Das Fiktive und das Imaginäre. Perspektiven literarischer Anthropologie.* Francfort del Meno 1993.

JESPERSEN, Otto: *Analytic Syntax.* Nueva York et al. 1969 [ed. príncipe: Copenhague 1937].

JAKOBSON, Roman: «Closing Statement: Linguistics and Poetics», en: SEBEOK, Thomas A. (ed.): *Style in Language.* Cambridge (Mass.) 1964, pp. 350-377.

LUHMANN, Niklas: *Die Wissenschaft der Gesellschaft.* Francfort del Meno ³1998, (en es.: ídem: *La ciencia de la sociedad*, México, D. F./Barcelona 1996).

PEER, Willie van: *Stylistics and Psychology. Investigations of Foregrounding,* Londres 1986.

SORRENTINO, Fernando: *Siete conversaciones con Jorge Luis Borges.* Buenos Aires 2001.

TEICH, Elke: *Cross-Linguistic Variation in System and Text. A Methodology for the Investigation of Translations and Comparable Texts.* Berlín/Nueva York 2003.

URWEIDER, Raphael: «minus zwölf», en: *Lose Blätter. Zeitschrift für Literatur*, año 8, núm. 24, primavera de 2004, p. 801.

Javier Gómez-Montero

APUNTES PARA UN CUADERNO DE TRADUCCIÓN: SOBRE TEXTOS DE F. HÖLDERLIN

En mucho menor escala que quienes protagonizan realmente estas *Nuevas pautas de traducción literaria* podría desde mi rincón báltico en Kiel aportar observaciones de interés al tema abordado, si no fuera porque conservo la traducción de unos textos de Friedrich Hölderlin que realicé en Barcelona entre 1996 y 1997 en el marco de unos cursos impartidos en la Facultad de Traducción e Interpretación de la Universitat Pompeu Fabra. La llamada «Canción del destino de Hiperión» («Hyperions Schicksalslied», incluida en la segunda parte de la novela) me da pie a plantear la *idée fixe* del traductor de poesía lírica: ¿Cómo desarrollar una escritura conmensurable al original? ¿Cómo establecer los conceptos análogos correspondientes que la sustenten haciendo justicia cabal a las tradiciones literarias respectivas?

El problema es especialmente agudo no sólo al contrastarse dos tradiciones literarias tan específicas y formalmente divergentes como son la poesía alemana y la española, sino también por tener que mantenerse en castellano el efecto de extrañamiento que la poesía hímnica de Hölderlin produce hoy en día al lector alemán, por muy avezado que éste sea. Vayan por delante el original y mi versión:

HYPERIONS SCHICKSALSLIED

Ihr wandelt droben im Licht
  Auf weichem Boden, selige Genien!
    Glänzende Götterlüfte
      Rühren euch leicht,
        Wie die Finger der Künstlerin
        Heilige Saiten.

Schicksallos, wie der schlafende
  Säugling, atmen die Himmlischen;
    Keusch bewahrt
      In bescheidener Knospe,
        Blühet ewig
          Ihnen der Geist,
            Und die seligen Augen
            Blicken in stiller
              Ewiger Klarheit.

Doch uns ist gegeben,
  Auf keiner Stätte zu ruhn,
    Es schwinden, es fallen
      Die leidenden Menschen
        Blindlings von einer
          Stunde zur andern,
            Wie Wasser von Klippe
            Zu Klippe geworfen,
              Jahr lang ins Ungewisse hinab[1].

---

[1] HÖLDERLIN, Friedrich: *Sämtliche Werke und Briefe in drei Bänden.* T. I, ed. Jochen Schmidt. Francfurt del Meno 1992, p. 207.

Destino de Hiperión. Himno

Camináis en la luz, en el éter,
  sobre suelo fértil, Genios benditos!
    Fulgores divinos
      os rozan suaves,
        como cuerdas sagradas
          de la artista los dedos.

Sin destino, cual lactante
  que duerme, respiran los dioses;
    y casto, preservado
      en modesto capullo,
        les florece, eterno,
          el Espíritu,
            y sus ojos benditos
              reflejan serenos
                la eternidad transparente.

Mas exige el destino
  renunciar al reposo,
    caen, desaparecen
      los hombres y sufren,
        ignaros, de hora
          en hora arrojados
            como el agua, de roca
              en roca, año tras año
                en lo incierto sin fin.

¿Cómo conmensurar el lenguaje poético y el verso originales en castellano? ¿Cómo mantener —dos siglos después— la escritura poética en el horizonte de lo sagrado y en la conciencia trágica de la condición humana en que se inscribe el texto de Hölderlin? Para afrontar ese desafío resulta ineludible abordar al mismo tiempo la dimensión lingüística, la rítmica y la estructural del poema (o si se prefiere su semántica interna más profunda). Para ello me pareció oportuno primeramente buscar un registro estilístico equivalente en castellano, sublime y grave, que confiriese la solemnidad debida a los enunciados. El registro más adecuado habría de ser pues el de la tragedia griega, el del poema épico latino o el de las odas de la Antigüedad clásica, pero preferentemente bebiendo en las fuentes rítmicas, léxicas y expresivas originales, como hizo Hölderlin en su momento. De ahí brotarían los primeros efectos de extrañamiento del lenguaje castellano, provocado enseguida también mediante el cultismo de base latina y el hipérbaton en la tradición hispánica, pero sin forzar los registros verbales y musicales en aras de mantener la naturalidad y soltura propia del lenguaje literario y su tradición poética en castellano.

Por ello no servían, por ejemplo, ni la épica culta renacentista ni el drama romántico (sí acaso cierto recurso del Espronceda más desolado en *El diablo mundo*). En resumidas cuentas, la primera tarea fue articular cláusulas rítmicas equiparables, dar con un reparto acentual «sostenible» partiendo del escalonamiento de los versos y de la irregularidad o libertad rítmica de los versos en cuestión; en su búsqueda, bastaba preconizar la similitud de pies y cláusulas rítmicas, insinuar en algún caso cierta asonancia, permitirse contraer las dos primeras estrofas o condensar algún verso, ya que esas licencias contribuían a recrear en castellano los efectos rítmicos del poema alemán. Y muy relacionado con estas cuestiones está la renuncia al término «Canción»

(«Lied») y —ya que la «Canción» resulta demasiado genérica— la preferencia del concepto «Himno», por específico y por abolengo, aunque Hölderlin empezará a redactar sus himnos propiamente a partir de 1801, unos tres años después de la escritura del poema.

El siguiente paso a la búsqueda de un lenguaje apropiado fue el uso de palabras con fuerte carga semántica —con plusvalía significadora si se prefiere— transportando ésta sobre todo mediante sustantivos y adjetivos plenamente significantes, desprovistos en lo posible de partículas hueras de significación y siempre intentando compactar el verso mediante el lenguaje hasta el punto más esencial posible, dejando esas palabras al desnudo. Además, había que mantener las fuertes tensiones conceptuales y procesuales del verso alemán: por ejemplo, verbos de movimiento y su contrario, de retención, palabras que invoquen la presencia o la ausencia de lo mismo o lo otro (cielo/tierra) convocando las oposiciones que dinamizan la polarización de la conciencia del propio Hiperión (ser o no ser, dioses y hombres, lo eterno y el instante, pérdida y posesión). De esta manera traté de construir redes isotópicas no sólo de sonido y musicalmente, sino también semánticas, que reflejasen sutilmente una escisión de la identidad, la tensión entre los extremos opuestos de una utopía sublime y la realidad terrenal, la oposición entre inocencia original y contingencia temporal, entre el destino trágico del hombre como ser histórico y el estado de pre-consciencia común a los dioses y a la infancia.

Tales son, en efecto, los polos que dinamizan la autopercepción de Hiperión cuando al final de la novela escribe este poema recordando cómo acababa de abandonar Alabanda y había entonces redactado la carta de despedida a Diótima y ese poema. Jochen Schmidt subraya que precisamente es ese contraste entre la vida (pasada) y la conciencia (actual) del protagonista el eje interno sobre el que gravita la contraposición del destino entre dioses y hombres, sometidos ambos, no obstante —más allá de su radical alteridad—, a una única ley natural[2].

Dignidad y miseria de la conciencia y conocimiento humanos es el gran tema que Hölderlin proyecta también sobre la poesía en sí misma y, consiguientemente, ambos se erigen en factor determinante de la función del poeta en la sociedad. Esa convicción deberá definir también al poema en castellano, concebido análogamente con respecto al original como expresión de conocimiento. Pero, además, igualmente sus elementos constitutivos —tanto los más materiales fónicos como los figurativos— harán de ese nuevo texto un artefacto poético, una construcción lingüística. Entre esos dos polos de la poetología y el lenguaje poético juega sus bazas el traductor y, como ejemplo del alcance de una escritura generada por esa matriz que otorga a toda traducción de poesía un estatuto poético, concluyo trayendo a colación una versión fragmentaria de otro poema (que a su vez quedó en fragmento) en el que Hölderlin plantea la obligación de que el poeta —desde su hiperconciencia, y como víctima de una ambivalente elección divina— siente para transmitir ese conocimiento a los hombres. Me refiero al Himno «Wie wenn am Feiertage...», objeto de una impresionante reflexión por parte de M.

---

[2] Íbidem, pp. 619-621.

Heidegger (vid. *Hölderlin und das Wesen der Dichtung*, Heidelberg: Carl Winter Universitätsverlag, 1977) y que, formalmente, está medido por el patrón de la lírica coral griega y, genéricamente, por la oda pindárica.

Como un día de fiesta, cuando…
[Fragmento, versos 27-65]

Himno

[…]

Como brilla un fuego en los ojos del hombre
al concebir pensamientos sublimes, así encienden
un fuego también del poeta en el alma
los signos, las empresas del mundo;
y lo que una vez acaecido,
aunque apenas notado, manifiesto es ahora:
Conocemos entonces el poder de los dioses,
que a todo dan vida y, cual siervos,
sonrientes, nos labraron los campos.

¿Inquirirles buscáis? En el Poema sopla su Espíritu,
día a día, cuando brota del sol, de la cálida tierra
y tormentas del aire, y en otros,
forjados en las simas del tiempo,
con más claridad en nosotros, mejor preparados,
que entre el Cielo y la Tierra, entre gentes andamos.
Del poeta en el alma se asienta sereno
el Espíritu que dioses y hombres enlaza.

Que el alma pronto rendida —pues ya lo infinito
desde siglos conoce—, la memoria temblando,
y a vosotros, del sacro rayo encendidos,

con la piedad que despierta el temor,
el canto os brote feliz, obra de dioses y hombres,
a fin que ambos renazcan.
Así cuentan poetas que de Semele en la casa cayó,
al desear ver su rostro, el rayo del dios,
y que, ceniza herida de muerte,
de la tormenta el fruto, a Baco dio luz.

Y así, sin peligro, las criaturas
beben ahora del fuego divino.
Pero a nosotros, poetas, el destino otorgó
soportar indefensos de un dios las tormentas,
aferrar con la mano el rayo del Padre,
entregarlo a las gentes,
el don de los dioses, sellado en un carmen,
como infantes, pues, de corazón puro,
sin culpa son nuestras manos.

No abrasa, puro, el rayo del Padre,
desolados, sufriendo el dolor del más fuerte,
aguanta las tormentas del dios que se acerca,
precipitándose, eterno el corazón persevera[3].

---

[3] Íbidem, pp. 239-241.

Clara Janés

LAS DOS ORILLAS DEL MAR (SOBRE LA TRADUCCIÓN DE POESÍA)

I. EL ANTES

> *Antes, si puede ser, antes.*
> Quevedo

«La lengua es una forma, no una substancia»[1], dijo Saussure. Y Jean Cohen, al estudiar la estructura de la lengua poética, llega a la conclusión de que lo que distingue la poesía de la prosa reside precisamente en este punto: la forma. Si nos atenemos a la lírica clásica, esto se concreta en metro y rima, sin que ni uno ni otro tengan influencia sobre el significado. De hecho se puede ir más lejos: la rima —o la aliteración—, por ejemplo, juega con los fonemas, es decir, con unidades lingüísticas sin significado. Este es un escollo que en apariencia

---

[1] Cit. por Jean Cohen, *Structure du langage poétique*, Flammarion, París, 1966, pág. 28.

hace imposible la traducción de poesía, porque se trata de algo que nos dispara más allá de la palabra. Ya resulta insuficiente la expresión de Mallarmé: «la poesía está hecha con palabras». Así lo ve sabiamente Juan Eduardo Cirlot cuando, en su artículo «Sobre los elementos de la poesía. Contra Mallarmé»[2], escribe: «yo diría que no las palabras, sino las sílabas, los fonemas articulados, son lo que crea la poesía». Pero no se detiene ahí el problema. Parece que esa «forma», que es el lenguaje, incluso en poesía estará al servicio de una «sustancia», de un contenido, y, por tanto, resultaría que, aunque la forma no se pueda traducir, el contenido sí (esto es lo que permite la traducción de textos no literarios casi como si se aplicara una ciencia exacta), pero las cosas no son tan simples. La relación entre los conceptos, en poesía, es casi una cuestión de forma. Se trata, afirma Cohen, de «una forma del sentido.»[3]

Vladimír Holan, al definir la poesía, hablaba de «armonía atonal», que, decía, es «la oculta tensión interna de las palabras»[4]. Se refería, pues, también él a una estructura, una forma del significado. Esto todavía deja abierta una posibilidad: averiguar el mecanismo mental que induce a tales estructuras, a tal empleo de recursos retóricos que, puestos en un poema de un modo determinado, modifiquen a los demás. Intuyo que ésta es la clave. Una palabra, una imagen, una metáfora actúa como emisora de luz o sombra del resto de las

---

[2] *La Vanguardia*, Barcelona, 16 de enero de 1969.
[3] Jean Cohen, op. cit., pág. 37.
[4] V. Justl, «Con Vladimír Holan» (entrevista), en C. Janés, *El espejo de la noche*, adamaRamada, Madrid, 2005, pág. 79.

palabras. Hay que retroceder hasta situarse en el punto del encendido: el «antes», que, de hecho, provocará el después. Por este motivo es tan certera la definición del poeta turco Fazil Hüsnü Dağlarca[5] que, sin manifestarlo, se orienta también —aunque de un modo opuesto al de Cirlot— contra Mallarmé: «la poesía es lo que queda cuando desaparecen las palabras».

Ese «antes» es la vibración inicial, el embrión presto a fecundar la palabra matriz, como dijo María Zambrano, a dejarla «encinta de significación»[6]. ¿Se trata del Ser? Según Heidegger, «poesía es el decir de la desocultación del ente»[7]. ¿Qué quiere decir esto y cómo afecta a la traducción? Quiere decir que la poesía se refiere a algo que está oculto, oculto incluso en las palabras, y que al ofrecerse éstas de un modo determinado permiten que un destello se produzca, una visión instantánea, fugaz, de aquello oculto; es decir, que, en un elevado porcentaje, la poesía dice lo que no dice, y hasta lo que no se puede decir. Concretando más: que lo que expresa no es textualmente lo que está diciendo, porque intenta hacer saltar una chispa, abrir un resquicio, crear en el lector una sacudida. Es lo que muchos teóricos manifiestan al sostener que la poesía se dirige a la emoción y no a la razón; es también lo que permite afirmaciones tan

---

[5] En *Poesium*, Primer Congreso sobre Poesía de Estambul, 1991.
[6] J. A. Valente, conferencia «Sobre la palabra poética», en el Homenaje a María Zambrano realizado en el Colegio San Juan Evangelista de Madrid, en 1981.
[7] *Arte y poesía*, Fondo de Cultura Económica, México, 1958, pág. 88.

importantes como ésta, que se debe a Robert Georgin: «el sentido es connotación del poema y no el poema connotación del sentido.»[8]

Seguimos en la forma, la forma llamada «poema». Es necesario ir al «antes», a la concepción de esa forma. El que logra dar el salto a la inversa hacia ese punto, puede alcanzar un resultado. Decía Eduardo Chillida que él esculpía para conocer la obra. Que primero le envolvía un «aroma», el de la obra que se acercaba, y él se ponía a trabajar para saber en qué consistía. Para llegar a traducir lo intraducible —la poesía— hay que hallar el aroma y seguirlo. Y hay que ser poeta para ello. El resultado sólo puede ser un poema.

También Walter Benjamin, al hablar de traducir, planteaba un modo de ir al «antes», pero en este caso era un «antes» de la lengua. Maurice Blanchot, en *La risa de los dioses*[9], expone esta visión de Benjamin con las siguientes palabras:

> [...] Antiguamente se creía poder de esta forma [traduciendo] remontarse hasta una lengua originaria, habla suprema que hubiera bastado con hablar para decir verdad. Benjamin mantiene algo de este sueño. Las lenguas —anota— apuntan a la misma realidad, pero no del mismo modo. Cuando digo *Brot* y cuando digo *pan*, enfoco la misma cosa según un modo diferente. Tomadas una a una, las lenguas son incompletas. Con la traducción, no me contento con reemplazar un modo por otro, una vía por otra vía, sino que hago señas a un len-

---

[8] *La structure et le style*, Editions de l'Age d'Homme, Lausana, 1975, pág. 122.
[9] Taurus, Madrid, 1976, págs. 55-57.

guaje superior que sería la armonía o la unidad complementaria de todos esos modos de enfoque diferentes y que hablaría idealmente en la confluencia del misterio reconciliado de todas las lenguas habladas por todas las obras. De ahí un mesianismo propio de cada traductor, si éste se esfuerza en hacer desarrollarse a las lenguas en dirección a ese lenguaje último, atestiguado, ya en cada lengua presente, en lo que oculta de porvenir y que la traducción aprehende.

Lo cual es visiblemente un juego utópico de ideas, porque se supone que cada lengua tendría un único y mismo modo de enfoque, y siempre de la misma significación, y que todos esos modos de enfoque podrían llegar a ser complementarios. Pero Benjamin sugiere otra cosa: todo traductor vive de la diferencia de las lenguas, toda traducción está fundada en esta diferencia, persiguiendo, aparentemente, el perverso designio de suprimirla. (La obra bien traducida se alaba de dos formas opuestas: no parece estar traducida, se dice, o más aún, es verdaderamente la misma obra, se la encuentra maravillosamente idéntica [...]). [...] A decir verdad, la traducción no está destinada en modo alguno a hacer desaparecer la diferencia, cuyo juego es, por el contrario: hace alusión a ella constantemente, la disimula; pero a veces revelándola, y a menudo acentuándola, es la vida misma de esta diferencia, encuentra en ella su deber augusto, también su fascinación cuando llega a acercar orgullosamente los dos lenguajes por un poder de unificación que le es propio y parecido al de Hércules estrechando las dos orillas del mar. [...]

Benjamin cita, sobre una teoría de Rudolf Pannewitz, esto que es sorprendente: «Nuestras versiones, incluso las mejores, parten de un falso principio; pretenden germanizar el sánscrito, el griego, el inglés, en lugar de sanscritizar el alemán, helenizarlo, anglicizarlo. Tiene más respeto por los usos de su propia lengua que por el espíritu de la obra extranjera... El error fundamental del traductor es congelar el estado en que se encuentra por azar su propia lengua, en lugar de someterla a la impulsión violenta que viene de un lenguaje extranjero».

Desde mi punto de vista, ya que la poesía parte de un impulso subjetivo que será elevado a expresión universal, el difícil salto atrás que debe dar el que se enfrenta a su traducción está cerca de esa idea: se trata de prescindir de los modos propios para situarse en los del poeta traducido, modos subjetivos pero ineludiblemente vinculados a su vehículo expresivo, su lengua. Es fundamental, pues, analizar la relación del poeta con su propio idioma. Por ello, el tono es de gran importancia. Es como si en primer lugar, al crear un río artificial, hubiera que establecer el punto de densidad del agua. No es lo mismo el poema contemplativo de un taoísta, el de brillantes contrastes lumínicos de un expresionista o la arenga heroica de un bardo árabe al servicio de un emir. En mi caso, una de mis últimas traducciones, realizada del árabe con Milagros Nuin, el libro *Tiempo sin tregua. 101 poemas* (Ediciones del Oriente y del Mediterráneo, 2007), del clásico medieval iraquí del siglo X al-Mutanabbi, me pidió situarme en el talante y el ritmo del corazón del que recita montado a caballo junto al príncipe, también a caballo, ante el ejército dispuesto a partir al combate. En dicha capacidad de ir al origen mismo reside la posibilidad inicial de la traducción. Todo lo demás estará supeditado a este aliento. Se trata, como en todo arte, de una metamorfosis; y, en la práctica, de una aventura. Para traducir, pues, hay que tener un espíritu aventurero y, en busca del logro al que se aspira, correr todos los riesgos.

Amando ese carácter de aventura y deseando conocer los móviles que impulsan a los demás a la traducción de poesía y la repercusión que ésta tiene entre los poetas, concebí hace un tiempo una breve encuesta centrándome ante todo en la recepción de la poesía extranjera en España.

II. EL DESPUÉS

Recuerdo que en un foro sobre el tema, Jenaro Talens —que ha escrito mucho y bien sobre la traducción para acompañar sus excelentes versiones de poetas alemanes o de Shakespeare— manifestó que el afán de conocimiento era su móvil principal: «traducir para entender, y por ello traducir lo más difícil», dijo. Esto suponía elaborar un estilo en el cual el texto traducido funcionara como en su propia lengua. Talens consideraba esta labor como más importante incluso que la creación. Jaime Siles, que nos ha dado hermosas traducciones, por ejemplo, de Paul Celan, confesó que había empezado movido por el aprendizaje de las gramáticas —no hay que olvidar que estableció nada menos que la del ibérico— y que, cuando se lanzaba a otra lengua, podía incluso llegar a ser una persona distinta y escribir en ella. Con particular sorpresa para mí, Luis Antonio de Villena —entre cuyos trabajos en este sentido conocemos versiones del latín (Estratón de Sardes), del francés (Du Bellay, los simbolistas) o del italiano (Miguel Ángel

Buonarrotti), contó que había estudiado chino durante 6 años y que podía leerlo y escribirlo, hallando la mayor dificultad en el habla debido a los modos, pero que nunca había intentado traducir dado que en la poesía clásica se emplea una lengua específica, llamada *wenyan*.

Creo que en España, actualmente, el panorama de la traducción poética se está modificando, está ampliando su horizonte y los poetas no se rasgan ya las vestiduras ante ella. El hecho de que hoy se dé una mayor apertura no quiere decir que el intercambio cultural que supone la traducción no haya sido de importancia desde hace siglos. Bastaría recordar el famoso encuentro entre Boscán y Baltasar de Castiglione, que supuso la incorporación del espíritu italianista y, entre otras cosas, la adopción del soneto por parte de poetas españoles como Garcilaso y otros que, a veces, daban como poema propio uno traducido.

Ya en el siglo XX, habría que destacar la relación con los poetas franceses e ingleses por parte del grupo del 27, que en este sentido dio frutos substanciosos, como las versiones de Guillén o las de Cernuda. Posteriormente el ejemplo traductor fue seguido, entre otros, por Vicente Gaos, José María Valverde y Ángel Crespo, que pusieron a nuestro alcance las voces de Eliot, Rilke o Pessoa. Todo ello ha tenido sus consecuencias claras en la obra de los poetas actuales. ¿Quién entendería a Gimferrer sin la lectura de Eliot, a Colinas sin la de los poetas italianos, a María Victoria Atencia sin la de los ingleses? Consideremos, además, por ejemplo que María Victoria Atencia pasó quince años sin escribir debido al impacto que le produjo la lectura de Rilke (traducido). Yo misma, por el contrario, tras dejarlo durante seis años, volví a la poesía al conocer la obra de Holan. Me parece, pues, que merece la pena este breve sondeo sobre la recepción de la poesía extranjera en España y sus consecuencias en nuestra poesía.

Con el fin de poder hablar con alguna objetividad, se me ocurrió, pues, realizar una pequeña encuesta entre veinte poetas y poetas-traductores —algunos, además, editores de poesía. Los poetas fueron elegidos al azar y contestaron en un setenta por ciento. Les sometí cinco preguntas:

1. ¿Lees en general poesía extranjera?
2. ¿Acudes a traducciones cuando no conoces la lengua o te limitas a la que puedes leer en lengua original?
3. ¿Crees que los poetas actuales se interesan por la poesía que se escribe en otros países y que esto se refleja en sus poemas?
4. ¿Qué poetas extranjeros te interesan más?
5. ¿Detectas su influencia en lo que escribes?

Los poetas que respondieron a mi encuesta: Andrés Sánchez Robayna, Antonio Colinas, Luis Martínez de Merlo, Ángel Campos, Juan Abeleira, Ada Salas, Lorenzo Oliván, José Luis Ferris, Rosa Lentini, Jesús Munárriz, Ruth Toledano, Menchu Gutiérrez, Miguel Casado y el bilingüe Louis Bourne, lo hicieron positivamente a la primera pregunta, añadiendo algún comentario. Así, Antonio Colinas dijo: «Siempre en este país es necesario complementar lo que se lee aquí con lo que se escribe (o se escribió) fuera». Rosa Lentini afirmó: «Resignarse exclusivamente a la lengua materna no es necesariamente un error, pero sí una enorme limitación», y añadía que el impulso que la movió, junto a

Ricardo Cano Gaviria, a crear las Ediciones Igitur fue «ofrecer un abanico más amplio de poetas del mundo [… y] voces de poetas de nuestro país menos leídos. […] cuando fundamos las ediciones, en 1997, ya en el ambiente se podía sentir una cierta saturación, por parte de un sector del público lector de poesía, de las mismas lecturas peninsulares, que se sucedieron machaconamente a lo largo de los 80». José Luis Ferris decía que leer poesía extranjera es «como el sano ejercicio de nutrirse con una alimentación variada y equilibrada», mientras, por su parte, Lorenzo Oliván opinaba: «en el terreno del arte, y en casi todos los otros, el nacionalismo es sinónimo de cerrilismo y cortedad de miras» y «llega un momento en que necesitas salir del ambiente enrarecido de los patios de vecinos, por más que en ellos transcurran tus primeros juegos».

Dos respuestas más pálidas fueron la de Luis Martínez de Merlo y la de Menchu Gutiérrez. El primero dijo que leía poca poesía extranjera, la segunda: «leo pocos libros de poemas en general». Ada Salas, en cambio, sostuvo: «los poetas de distintas lenguas, de distintas épocas, se complementan, dialogan entre sí. Qué sería Garcilaso sin Petrarca, Rubén Darío sin Verlaine, Valente o Eugenio de Andrade sin Ungaretti».

A la segunda pregunta, la mayoría de poetas contestaron diciendo que preferirían leer en la lengua original y algunos, como Ángel Campos, declaraban su interés por las ediciones bilingües. Luis Martínez de Merlo dijo: «leo bastante poca poesía extranjera, me he limitado a los poetas imprescindibles y que pueda leer en su lengua original», aunque luego añade que si un poeta le ha llamado particularmente la atención busca «alguna traducción fiable». También Menchu Gutiérrez y Jesús Munárriz preferirían claramente leer en lengua original. Juan Abeleira calificaba de querencia leer en las lenguas que conoce, que son cinco. Miguel Casado afirmó: «Leo lo que puedo en su lengua original», y más adelante: «Leo todas las traducciones que el tiempo me permite. Creo que la lectura de traducciones es un elemento fundamental de la formación de un poeta, por el grado de extrañeza y de apertura que le aportan, por la discontinuidad que le permiten abrir respecto a la herencia de su lengua». José Luis Ferris acudía sin prejuicio a las traducciones, y lo mismo Ruth Toledano, Ada Salas y Rosa Lentini. Esta última comentó: «en la traducción no se trata pues de la apropiación, por parte del traductor, de una voz para ser reinventada a otra lengua, sino en la comprensión de esa voz para ser reelaborada a otra lengua». Antonio Colinas, por su parte, respondía: «Leo en la lengua original que conozco —sobre todo libros en italiano— y también me gusta leer aquellas traducciones en las que se ha salvado el *espíritu* del poema».

Particularmente interesantes me parecen las contestaciones de Lorenzo Oliván y de Andrés Sánchez Robayna. Dijo el primero: «Aunque conozca la lengua o me defienda en ella, me gusta ver el trabajo que han realizado otros maestros del difícil arte de traducir. Un poema en buena medida es también ritmo, música, apreciación del matiz, armonización de imágenes, y si alguien te allana el camino, tú puedes llegar sin tropiezos al poema [...]. Una vez hecho eso, es muy fácil echar un vistazo al original sólo para ratificar que la versión era buena». Sánchez Robayna, por su parte, afirmaba: «Acudo a traducciones incluso conociendo la lengua, si el traductor o la traductora me interesa. Una traducción interesante vale la pena por sí misma, como obra de arte (cuando realmente lo es). Una buena traducción no es un producto vicario del que puede prescindirse si se conoce la lengua original: es literatura ella misma. Los ejemplos son muy abundantes».

A la tercera pregunta, «¿Crees que los poetas actuales se interesan por la poesía que se escribe en otros países y que esto se refleja en sus poemas?», dos respondieron «No lo sé», y un tercero que no conocía lo suficiente a los poetas españoles actuales para responder. Los demás lo hacían afirmativamente, excepto Antonio Colinas, que opinaba que ahora hay menos interés que durante los años 60 y 70 por los poetas extranjeros, Miguel Casado, que dijo: «una de las causas de cierta *pobreza* poética, de moda en España, es el desinterés absoluto por lo que se ha escrito y se escribe en otras lenguas», y Sánchez Robayna, que coincidía con él: «La pobreza de un sector mayoritario de la poesía española actual se debe a su desinterés por la poesía extranjera. El poeta inglés Philip Larkin se jactaba de no leer nunca poesía en otros idiomas. Es lo que hacen muchos poetas españoles de hoy. De ahí su identificación con Larkin —al que, de todos modos, por paradoja, conocen en traducción… Naturalmente que ese desinterés se refleja en sus poemas (en los de los españoles y en los del propio Larkin). Entre el narcisismo y la autosuficiencia cultural (¿o es un especie de "nacionalismo" lingüístico, con el que se intenta disimular el otro?), esa poesía carece a mi juicio totalmente de interés, y refleja además una actitud intelectual que se califica por sí sola».

En cuanto a qué poetas extranjeros interesaban más, la respuesta se decantó por Pessoa, seguido de cerca por

Rilke y Cavafis, y después, con algo más de distancia, pero con identico número de menciones, Keats, Ungaretti, Hölderlin, Leopardi, Seferis, Atwood, Char, Celan, Bonnefoy, Trakl, Eliot, Montale, Holan, Dickinson, Rimbaud, Mallarmé, Plath, Helder, Pound y Saint John Perse.

A la pregunta sobre las influencias recibidas —acaso la más comprometida, pues es sabido lo frecuente de la ocultación en este sentido—, sólo dos interrogados afirmaron no ser conscientes de ella y no poder juzgarse; todos los demás no sólo las admitían sino que las celebraban.

Hubo una pregunta más para algunos poetas traductores ya veteranos: «¿Qué te mueve a traducir poesía?» El móvil, para todos, es la poesía misma y, como dijo Ángel Campos, «la necesidad de dar a conocer a la gente textos a los que no tiene acceso». Sánchez Robayna, por su parte, afirmaba que «traducir es —se ha dicho con razón— una forma privilegiada de leer», y contaba el entusiasmo con el que lo hacía a los catorce años en el colegio, en clase de francés: «aquellas traducciones tenían para mí el sentido de una iniciación, de un *mysterium* que se ramificaba en múltiples lenguas».

En cuanto a mí misma, coincido con la mayoría de las respuestas y me congratulo por ello. Este sondeo, pues, aunque ciertamente fue mínimo, me corroboró en la idea de que actualmente, por una parte hay una mayor apertura hacia lo que se escribe fuera de España y, por otra, que en el terreno de la poesía se empieza a valorar la labor del traductor.

Antonio Colinas

¿POR QUÉ HE TRADUCIDO?

Mi interés por la traducción va unida, en sus orígenes, a mi interés por la poesía, que es mi vocación y la raíz de toda mi escritura, incluso de aquella que no es, en un sentido estricto, poética. La poesía late en mis novelas de manera premeditada y no sólo porque haga lo que frecuentemente se entiende por «novela lírica» o «novela de poeta». A este tema he dedicado un artículo («Contra el dogmatismo de los géneros», *El sentido primero de la palabra poética*, págs. 236-240).

Tengo, ante todo, un recuerdo muy placentero de mis años de bachiller, cuando traducía por obligación las *Cartas desde mi molino*, de Daudet. De estos años de aprendizaje hay también un testimonio en la primera de mis novelas, *Un año en el sur* (Seix Barral, págs. 66-68 y 131-134) en la que el protagonista une al placer de los veranos el placer de traducir a algunos poetas franceses. De tal manera que la traducción de algunos poemas franceses va significativamente unida a mis primeras lecturas *conscientes* y al nacimiento del poeta que había en mí. De ahí su significación.

Vinieron luego lecturas-traducciones de otros poetas franceses más coherentes y decisivas, a partir de los dieciocho años y de mi llegada a Madrid. Recordaré los nombres de Verlaine, Baudelaire *(Las flores del mal, Spleen de París),* todo Rimbaud, Saint-John Perse... De Rimbaud hice una traducción completa de las *Illuminations*[1] que aún permanece inédita y que espero publicar algún día. Estas lecturas-traducciones se extendieron hasta 1971 y también con algunos poetas de lengua inglesa: Keats, Shelley, Yeats, Pound (sus primeros poemas), Dylan Thomas y Eliot. (Este último es el poeta inglés que más ha interesado a mi generación, la de los «novísimos» pero a mí poco.)

Giacomo Leopardi es el primer poeta italiano que leo en su lengua y que traduzco. Recuerdo la traducción del poema «L´Infinito» como algo especial. Es un poema muy significativo, que me ha hecho pensar mucho, pero que ha sido publicado con erratas en dos ocasiones. Este poema también me sirvió para comenzar a tener el concepto que yo tengo de la traducción y, en concreto, de la traducción de la poesía. ¿Cómo salvar la música, es decir, la «poesía» del poema?

Esta pregunta me lleva de lleno a las dos actitudes que frecuentemente nos despierta la traducción de la poesía (¿y por qué no de todos los géneros?) que creo son de todos conocidas y que, a veces, se defienden de manera muy dogmática: 1) la traducción rigurosamente literal, filológica, suele «matar» el espíritu del poema, acaba con la «poesía» del poemas, 2) La que entendemos como traducción más libre suele apresar ese espíritu, esa poesía, pero no es fiel a lo que el autor (formalmente) dijo.

---

[1] Se ha publicado recientemente en la Edit. Linteo.

¿Cómo hacer, pues, compatibles ambas actitudes en la traducción? En esa combinación o fusión radica para mí la esencia del traducir. Sin embargo, según los textos y los autores, el traductor debe optar, en mayor o en menor medida, por una u otra actitud. Un texto extremadamente vanguardista, como el *Wirwaarr,* de Edoardo Sanguineti, ¿puede admitir otra traducción que no sea la estrictamente literal? ¿Cabe, por el contrario, traducir los poemas más musicales de Leopardi, renunciando a su música, al *espíritu* del poema? Es obvio que en este caso, la traducción literal no basta.

La traducción de la poesía nos lleva a valorar la métrica, el ritmo y la rima de la misma. Excepto en casos muy especiales, hay que olvidarse de la rima, pues si la mantenemos el poema resultante de la traducción siempre suele ser otra cosa que el original. Sin embargo, hay poemas concretos en los que es posible y necesario mantener la rima. Una versión manteniendo el terceto encadenado y la rima como la que Ángel Crespo ha hecho de la *Commedia* de Dante es digna y ejemplar, pero es obvio que el resultado es algo esencialmente diferente del original dantesco.

Raramente se mantiene la poesía de un texto si no se salva su *ritmo,* que a su vez es la característica esencial, imprescindible, de la creación poética. Podemos disponer de una traducción fiel a la forma y al contenido de un poema, pero si no mantiene el ritmo siempre será incompleta. Soy de la opinión de que debe mantenerse siempre la medida más común y clásica de los versos (endecasílabos, alejandrinos).

Tras mi regreso de Italia en 1974, el acto de traducir tuvo para mí dos versiones que son las que, en general, se suelen dar: traducir por placer y traducir obligadamente, profesionalmente. De 1974 a l989 he traducido mucho por obligación. En algunos casos «a destajo» y no siempre temas estrictamente literarios. Me refiero a traducciones de temas técnicos o científicos que no cabe recordar. Tampoco merece la pena recordar algunas de las literarias. La traducción profesional —por obligación— es para mí la más dura de las labores del intelecto. Después de cuatro horas «la cabeza empieza a echar humo». Es una labor dura, ingrata, mal reconocida y frecuentemente mal pagada.

Desde 1989 he renunciado a mi «profesión» de traductor, he dejado de traducir obligadamente y he vuelto a mis inicios, a las lecturas-traducciones por placer, a los textos con los que sintonizo. En estos momentos tengo la oferta de traducir una amplia antología de textos místicos italianos y acaso acepte por la simple razón de que *sintonizo* con el tema. Así sucedió también con mi traducción de la *Poesía Completa* del premio Nobel italiano Salvatore Quasimodo. Es, sin duda, la traducción de la que me siento más satisfecho y ello es así por razones muy fundamentadas. Es un autor que he traducido sin prisas y con placer, con el que sintonizo profundamente y que, por tanto, comprendo muy bien. La concesión en Italia, precisamente a esta traducción, del Premio Nacional de Traducción, me reconforta y tranquiliza.

Raramente se traduce a la vez obligadamente y con placer. Pienso, en este caso, en las versiones que hice de tres de las novelas de *Salgari*. Fue mi etapa más agobiante como traductor y, por ello, escogía siempre lo más ligero y ameno que me ofrecían los editores. Por cierto, las de Salgari han sido las traducciones mías que mejor se han vendido. Todavía siguen reeditándose y, para mí sorpresa, siguen «goteándome» derechos de autor.

La respuesta que la sociedad da a nuestras traducciones es caprichosa e inesperada, como la que suele dar a nuestros libros de creación. Recuerdo, en este sentido mi traducción de *Cristo se detuvo en Eboli,* una excelente novela de Carlo Levi. Todas las razones positivas confluían para que este fuera un libro de éxito entre nosotros. Era un clásico de nuestro tiempo, una gran novela y había tenido un gran eco en Italia. Además, mi traducción coincidió con el estreno en España de la versión cinematográfica del libro.

Recuerdo, en este sentido, que el editor, me obligo a cambiar mi versión del título —*Cristo se detuvo en Eboli*— por la más tosca de *Cristo se paró en Eboli,* simplemente porque este último era el título de la versión cinematográfica. Pues bien, a pesar de todas estas felices coincidencias, el libro, editado por Alfaguara no tuvo entre nosotros el eco que debiera haber tenido. He supuesto una causa que no sé si será la justa: vivíamos por entonces en España los días del «cambio» político y probablemente el nombre de Cristo en la portada de un libro no servía de aliciente. Aun así, paradójicamente, *Cristo se paró en Eboli* es una obra plenamente social; incluso —más allá de su innegable lirismo—, está cargada de política. El libro fue reeditado años más tarde por Plaza Janés.

Ya he hablado en mi carta anterior de lo que me han hecho padecer las erratas y la mala producción de las editoriales españoles, afortunadamente hoy en clara mejoría. A veces las erratas se han mantenido hasta en la portada de los libros. Recuerdo, a este respecto, el Sanguine*tt*i (y no Sanguine*t*i) que apareció en la portada de una de mis traducciones. (Me escribió el autor, pero no fue duro en su queja, pues es error frecuente que se pongan con doble t palabras que no siempre la llevan en italiano.)

Aunque también con erratas —tampoco corregí las pruebas de imprenta— tuvo más eco mi traducción de *Las cenizas (cene*ri*, no cene*re*) de Gramsci*. Es un libro que Visor ha vendido además muy bien en Hispanoamérica. Esta traducción también me sirve para explicar la actitud que, a veces, tienen los familiares o herederos de los autores importantes. Me escribió una sobrina del poeta diciéndome cómo hubiera traducido ella varios versos o expresiones. (Como se ve, el afán de posesión de los herederos va, a veces, incluso más allá de lo puramente económico).

Más anécdotas sobre el triste sino del traducir: mi traducción del *Pinocho* de Collodi se imprimió, pero no llegó a ser distribuida porque coincidió con el cierre de la editorial. ¿Dónde reposarán los ejemplares de esta edición? Este hecho me recuerda otro parecido: una traducción que se hizo de mis poemas al checo. El libro se imprimió, pero la caída del muro de Berlín y los cambios políticos no permitieron la distribución del libro.) Inesperadamente, un libro raro y parcial como es el *Stendhal* de Lampedusa, tuvo un gran éxito. ¿Contribuyó a ello el que un notable periódico, «El País», publicara la crítica del libro acompañada de una espléndida fotografía de la no menos espléndida Claudia Cardinale en *El Gatopardo*? Sin ninguna duda. ¡Caprichos y misterios de las ventas!

Abandonada la traducción hace años, me llegan ahora, para mi sorpresa, frecuentes peticiones de traducción del catalán. Incluso el Ministerio de Cultura becó mi traducción de la antología de uno de los últimos Premios de las Letras Catalanas, Mariano Villangómez Llobet. Aquí, una vez más, el interés por determinados poetas catalanes —Espriu, Carles Riba— me llevó a acabar siendo traductor de esa lengua. También, quizás, mi amistad con algunos excelentes poetas y traductores catalanes (Francesc Parcerisas, Narcís Comadira, sobre todo).

Precisamente en estos días me han regalado una edición, en verso italiano, de la *Eneida* de Virgilio (Barion Editore, Milano, 1930). La traducción, en rotundos endecasílabos libres, es de Annibal Caro, un traductor del siglo XVI que —se dice en el prólogo— comenzó este trabajo *per giuoco, a prova della ricchezza e potenza della nostra lingua*. Así que en este libro, a parte de encontrar no poco placer en su lectura, estoy hallando muchas razones sobre el proceso del traducir. Por ejemplo, la de que una traducción sirve para poner a prueba la riqueza y el vigor de nuestra propia lengua.

Se nos dice en el prólogo que el traductor comenzó su trabajo como un «juego», así que hay también algo de aventura o enigma sin resolver en el proceso de traducir. Los 9.897 versos de Virgilio se transformaron en los 15.126 endecasílabos de Caro. El trabajo fue enorme, pero mereció la pena. Nunca leeré con facilidad la versión latina, original, de la *Eneida,* pero esta edición de Caro me ha sabido transmitir el *espíritu* del texto latino. (De la misma manera que la *Odisea* traducida al catalán por Carles Riba —se dice que una de las mejores versiones de este libro— ha salvado lo esencial del mensaje de Homero.) Basta confrontar los párrafos más líricos e inspirados del Libro Sexto de la *Eneida,* de Annibal Caro, para comprobar lo mismo. Además, su italiano del XVI enriquece mi italiano y la rotundidad de sus endecasílabos es propia de los de Ariosto o Góngora, contribuyendo con ello a enriquecer mi propio proceso de creación. ¡Misterios y placer de las traducciones verdaderas, *inspiradas!*

Lo más significativo, sin embargo, del escritor que ha traducido es esa experiencia de la *sintonía* a que he comenzado haciendo referencia. Es decir, en la traducción con placer descubrimos lo que, antes que nosotros, crearon y sintieron otros autores. También leemos y traducimos en secreto esos textos que nosotros nunca llegaremos a escribir.

Andrés Sánchez Robayna

TRADUCIR Y SER TRADUCIDO

{COLOQUIO CON DANIEL DUQUE, PETRA STRIEN-BOURMER Y CHRISTINA BISCHOFF}[1]

Daniel Duque: ¿Toda traducción es siempre una traición?

El famoso adagio italiano *(traduttore, traditore)* encierra una buena parte de verdad, pero no dice toda la verdad. Es cierto que la traducción implica traición cuando, ante la imposibilidad de trasladar todos los valores de una frase o de un verso, nos vemos obligados a sacrificar o a permitir que se pierdan algunos de esos valores. Cuando en su soneto al tabaco Mallarmé dice, refiriéndose al humo, «ta vague littérature» (tu vaga lite-

---

[1] En las páginas siguientes se transcribe el coloquio sostenido por el poeta y traductor Andrés Sánchez Robayna con la traductora al alemán de su libro *Sobre una confidencia del mar griego*, Christina Bischoff; con la directora de numerosos proyectos ultimados en los Encuentros de Traductores de Castrillo de los Polvazares/León y Sehlendorf/Mar Báltico, Petra Strien-Bourmer, y con el periodista y escritor Daniel Duque. A todos ellos vaya aquí la expresión de mi agradecimiento, J. G.-M. *(Nota del editor.)*

ratura), es evidente que no podemos reproducir el juego fónico que asocia la idea de vaguedad («ta vague») y la palabra «tabaco» («tabac»), que en francés se pronuncian de forma muy parecida. La traducción española «tu vaga» está muy alejada de «tabaco», pero no hay otra forma de traducir esas palabras. Ya hemos «traicionado», pues, la riqueza del original, su trama fónica. *Traduttore, traditore.* Ahora bien, desde hace tiempo los grandes traductores han descubierto lo que se llama el «principio de compensación», es decir, cuando no se puede reproducir un efecto en determinado lugar del texto, se busca otro lugar para reproducir o recrear ese mismo efecto u otro semejante. Ya traicionamos, por tanto, un poco menos. Cuando esa reproducción se consigue con pleno acierto, la traición deja de existir… Hay que reconocer que es difícil, pero no imposible. Por otra parte, traducir no es sólo traicionar, aunque sea, como digo, una traición relativa: es también dialogar, comunicar culturas, crear nuevos textos, asumir la alteridad, leer de manera idónea, es decir, entregar a los textos el amor minucioso que ellos nos piden. Y es también aprender… Valores múltiples, en suma, culturalmente mucho más importantes y decisivos que la idea de «traición», que es la que el dicho italiano ha conseguido hacer primar cuando se piensa en el fenómeno de la traducción. Hay formas de traición menos evidentes y más graves, en realidad. Pensemos sólo, por ejemplo, en la que comete un lector al leer de manera ligera y apresurada un texto que pide un ritmo distinto, un ritmo que le es propio, y que por eso acusa al texto de demasiado denso o de innecesariamente oscuro. No se puede leer a Baltasar Gracián o a James Joyce como si fuera una crónica periodística.

Entre otras muchas cosas, la traducción enseña a leer mejor, a ser más fieles al ritmo y a la riqueza de los textos. Nos enseña respeto, fidelidad, entrega, responsabilidad, cercanía. Es decir, exactamente lo contrario de la traición.

D. D.: Acabas de traducir la Poesía completa *(FCE-UNAM) del catalán Ramón Xirau, y hace poco también, en colaboración con Clara Curell, una obra de teatro de Josep Palau i Fabre para el Teatro Español, de Madrid, que se estrenó en febrero pasado[2]. ¿Cuáles han sido las principales dificultades de esos trabajos? ¿Qué diferencia hay entre la traducción de poesía y la de teatro?*

Llevo traduciendo la poesía de Ramón Xirau desde hace años. Mi primera versión se publicó en la revista *Literradura,* en los años setenta. Luego apareció, en México, una antología bilingüe, publicada en 1990. Y más tarde, en 1999, la serie *Nuevos poemas.* Hace dos años la editorial Fondo de Cultura Económica me propuso realizar la traducción de toda la poesía de Xirau. Acepté enseguida, no sólo porque me interesa mucho la poesía de Xirau sino porque considero que es una de las voces más importantes de la poesía catalana moderna. Como sabes, Xirau, poeta y filósofo nacido en Barcelona en 1924, vive en México desde 1940 y escribe toda su

---

[2] De esa obra de Palau i Fabre forma parte el soneto «Don Juan» al que se refiere Luis Martínez de Merlo en «Revisando criterios en la revisión de *textos poemáticos*», recogido en este libro. *(Nota del editor.)*

prosa crítica, ensayística y filosófica en español, pero la poesía siempre en catalán. No es cuestión, dice él mismo, de fidelidad a su lengua materna, sino de imposibilidad de escribir poesía en otra lengua que no sea el catalán. La dificultad mayor, a la hora de traducir a Xirau, ha sido preservar los efectos de una lengua poética de una gran precisión rítmica y prosódica y, por otra parte, mantener la eficacia estética de los neologismos tan característicos de su obra. No es lo mismo traducir un puñado de poemas que una obra completa. Cuando se trata de unos pocos poemas, se puede profundizar más en cada texto, en cada verso, en cada palabra. Cuando es una poesía completa, y ya me ocurrió con la de Espriu, no se puede penetrar tanto en la realidad semántica y sonora de cada poema. Uno podría pasarse años y años en esa tarea. Pero tanto en el caso de Xirau como, por otras razones, en el de Espriu y también en el de otros poetas catalanes como Brossa o Foix, estoy satisfecho del trabajo realizado. Con Xirau he podido profundizar en los poemas como yo deseaba, porque han sido, como te decía, muchos años de trabajo, en traducciones sucesivas, que empezaron en 1976. La versión de *Don Juan, príncipe de las tinieblas,* la obra de teatro de Josep Palau i Fabre, es un asunto diferente, al menos en parte. Fue una propuesta de Hermann Bonin, conocido director de teatro. Se trataba de traducir un texto mixto de varias obras de tema donjuanesco del poeta, narrador, ensayista y dramaturgo Josep Palau i Fabre, nacido en 1917, y que ha muerto muy recientemente. Clara Curell y yo trabajamos de manera intensa en la traducción de un texto que combina situaciones de gran dinamismo escénico con otros momentos más reflexivos y poéticos.

La obra tiene partes en prosa y partes en verso. Lo difícil fue combinar los distintos tonos, y reproducir la métrica, y hasta la rima, en el caso del verso. La diferencia por la que me preguntas entre la traducción de teatro y la de poesía, en esta ocasión, no ha sido muy acusada, porque como acabo de decirte esta obra teatral está escrita en parte en verso. Pero hay, en general, diferencias muy notables entre los dos géneros. Claro está que depende también de cada obra, de cada caso concreto.

D. D.: Aunque en otra ocasión me gustaría que habláramos de manera monográfica sobre el Taller de Traducción Literaria[3], ¿podrías resumir ahora los objetivos y la trayectoria de este grupo de trabajo que fundaste en 1995?

El Taller nació, en efecto, en 1995 a raíz de una propuesta que hice a la Facultad de Filología de la Universidad de La Laguna. Tuvo, por suerte, una acogida excelente. Desde esa fecha se constituyó un grupo formado por una docena de personas que, todos los martes, se reúne para traducir textos literarios, especialmente de autores clásicos. Hemos puesto en práctica varios méto-

---

[3] Sobre el Taller de Traducción Literaria de la Universidad de La Laguna puede verse el artículo de Alejandro Rodríguez-Refojo «Diez años del Taller de Traducción Literaria de la Universidad de La Laguna», en *Piedra y Cielo*, núm. 3, Santa Cruz de Tenerife, enero-abril de 2005, pp. 22-28, y el artículo de Sánchez Robayna «Acerca del Taller de Traducción Literaria», en *Insula*, núm. 717, septiembre de 2006, pp. 2-4, monográfico dedicado a «La traducción poética en España» coordinado por el poeta y traductor José María Micó. *(Nota del editor.)*

dos de traducción (la traducción colectiva, la revisada, la contrastiva o comparada, etc.) y entre los autores traducidos figuran John Keats, Gustave Flaubert, William Wordsworth, Samuel Johnson o Paul Valéry. Pero también algunos autores contemporáneos, como Edmond Jabès o Mario Luzi. Hemos publicado hasta hoy unos quince títulos, al principio en nuestro propio sello editorial y luego en editoriales diversas. Hace tres años celebramos el décimo aniversario del nacimiento de nuestras actividades con la publicación de un volumen, *De Keats a Bonnefoy*, en el que se recoge una muestra amplia de poesía moderna. Dentro de poco se publicará en Madrid (Abada Editores) el libro *Tres poemas secretos*, del griego Giorgos Seferis, que tradujimos hace algún tiempo con una buena amiga y excelente helenista, Isabel García Gálvez. Y luego una extensa antología del italiano Mario Luzi (Círculo de Lectores-Galaxia Gutenberg), a cargo de otro miembro del Taller, Jesús Díaz Armas. Hace menos de un año se publicaron los *Cuadernos* de Paul Valéry, que ahora se reimprimen. También hemos hecho algo de alemán (Brecht) y de portugués (Sophia de Mello Breyner Andresen). Ahora estamos traduciendo *El puente*, del norteamericano Hart Crane. Cada trabajo nos lleva mucho tiempo. Los objetivos del Taller son sencillos: elevar el nivel de la traducción literaria en España, conceder a la traducción poética el grado de ambición creadora al que debe siempre aspirar y poner el acento en los textos definidos por su dificultad o su complejidad estética. Traducimos poesía, narrativa, ensayo... No soy yo quien debe juzgar los resultados, pero tengo que decir que me alegra especialmente la continuidad del esfuerzo, un esfuerzo que no tiene carácter oficial alguno y que en trece años de trabajo ha despertado el interés de los lectores y de las editoriales más atentas y comprometidas con la calidad de las traducciones.

D. D.: Cuatro libros tuyos de poesía acaban de ser traducidos en Alemania, la República Checa y Francia, y otros cuatro, en Alemania (Sobre una piedra extrema, Inscripciones, Sobre una confidencia del mar griego), *Marruecos e Italia* (El libro, tras la duna), *se publicarán este mismo año en árabe y en italiano. ¿Tiene el autor alguna clase de control sobre las traducciones de su obra?*

En el caso de la poesía puede tenerlo, pero sólo, por supuesto, en las lenguas que el autor conozca. El caso de la poesía es peculiar, porque la traducción suele ser fruto de la pasión de un traductor (a menudo, un poeta-traductor) o de un editor. Quiero decir, la traducción de poesía no obedece, generalmente, a demandas comerciales, a diferencia de la prosa narrativa, que despierta mucho más interés entre los editores. En el caso del poeta vivo, el traductor suele comunicarse con el autor a través de la editorial para consultarle determinados detalles, y si el autor conoce la lengua de llegada puede hacer sugerencias, es decir, puede haber en ese sentido cierto «control». En mi caso, por desgracia, no puedo opinar, y tampoco valorar, la traducción al checo o al árabe. Me he limitado a responder las preguntas que se me hacían sobre determinados giros o palabras, y a aclarar algunas dudas semánticas. Hay una parte azarosa, y también mucho de suerte, en las traducciones de poesía. Sorprende a veces que grandes poetas no estén traducidos (suele observarse cuando se concede el premio Nobel: ¿quién conocía en España a Wislawa Szymborska o a Derek Walcott?), y que otros autores menos significativos tengan abundantes traducciones. Eso es, muchas veces, fruto de la rueda de la fortuna. Por mi parte, lo único en lo que suelo insistir a los traductores interesados en mis cosas es que la información estética resulta tan importante como la información semántica, y a veces más. El resto depende de la creatividad del traductor y de los hados, porque también los libros tienen sus hados.

Petra Strien-Bourmer: ¿En qué puedes ver que una traducción es buena, aun sin tener conocimiento de la lengua de partida?

En su tersura prosódica, sobre todo. En el caso de la poesía, sostengo desde hace tiempo que un poema traducido debe ser juzgado en primer lugar como poema, y en segundo lugar como poema traducido. ¿No es la intensidad o la tactilidad de un lenguaje lo que percibimos antes que nada en un poema, lo que podríamos llamar su «diseño» verbal, por muy tenue o invisible que éste pueda parecernos a primera vista? Es, una vez más, la «forma» —no temamos la vieja confusión que esta palabra suscita— lo que nos llega en un primer momento, y esa «forma» no es otra cosa que su textura verbal, su trama sintáctica y sonora. De ahí que, en efecto, en un texto literario traducido, antes que su calidad como traducción ha de percibirse su calidad literaria a secas. Una segunda fase, evidentemente, juzgará su relación, en un sentido amplio, con el texto o poema de partida. Y ahí entran ya en juego numerosos factores, que varían según el planteamiento de cada traductor: los hay que se acercan mucho al texto de origen, otros que se permiten tal o cual libertad, otros muchas libertades, grados, en fin, casos intermedios, etcétera. Yo diría que ninguna traducción debe ser juzgada como tal de manera apriorística: es su realidad estética, su validez literaria, en definitiva, lo que condiciona y determina su significado como traducción.

P. S.-B.: ¿Qué aspectos formales y lingüísticos del poema te parecen imprescindibles que no se pierdan: la métrica y la rima, o las asonancias y las aliteraciones?

El poema es un todo, claro está, de elementos sonoros y semánticos. Los hechos rítmicos y sintácticos son esenciales. Corresponde a cada traductor, sin embargo, valorar qué rasgos sacrifica —son siempre numerosos los sacrificios en la traducción de poesía— y qué rasgos privilegia o preserva. Muchas veces es un proceso intuitivo, y con frecuencia no son cosas que el traductor pueda decidir de manera voluntaria, forzado como está a menudo por los rasgos que, por mucho que se desee, no pueden traducirse. Cada caso es distinto. No puede traducirse del mismo modo, por ejemplo, a Cavafis que a Ungaretti: los dos son poetas de una extraordinaria economía verbal, pero su fraseología, su textura sintáctica, es muy diferente. El primero hace uso a menudo de frases esencialmente enunciativas o narrativas (no hay que olvidar que se consideraba un «poeta-historiador»), mientras que el segundo tiene una sintaxis entrecortada, fundada en el escanciamiento fragmentarista de la palabra y de la sílaba (la famosa «tecnica sillabata»). Podríamos recurrir aquí a las categorías que solía usar Ezra Pound para hablar de poesía: la melopéia, la logopéia, la fanopéia. En un poeta puede dominar la fanopéia, la fijación de lo visual, y en otro más bien la logopéia, la «danza del intelecto entre las palabras», y en otro, en fin, la melopéia, el imperio del ritmo o de la frase musical. Por supuesto, hay muchos poetas en los que se dan por igual los tres rasgos, o sólo dos, pero por lo general hay uno dominante. El buen traductor, a mi juicio —Pound, por ejemplo, tal vez el más grande traductor de la modernidad—, es aquel capaz de percibir y recrear ese rasgo dominante, hacerlo audible y visible en la lengua de llegada. Yo diría que un buen traductor escucha antes que nada el poema de origen, consigue luego rehacer creativamente sus valores y reinventar de un modo u otro —cosa siempre difícil— su entonación. Conozco muy pocos traductores que hayan tenido éxito en la reproducción de la rima. Es aconsejable, me parece, como norma general, no obsesionarse con la rima. Es preferible, a mi juicio, atender el ritmo, los ritmos, y sobre todo las aliteraciones, todo aquello que se llama la «forma de la expresión», dentro de la cual la rima no es siempre lo más importante.

P. S.-B.: ¿Qué libertad tiene el traductor para aportar a un poema algo que le pueda venir bien al original o incluso faltar desde la perspectiva de la nueva lengua?

Soy muy poco partidario de tales libertades. Sólo contados traductores (especialmente poetas-traductores muy experimentados) se lo han permitido, y aun así se tiene en muchos casos la sensación de estar asistiendo a la creación de un poema ya distinto. Conviene, me parece, ser muy prudentes a la hora de aportar al texto algo que no esté presente en él. En este sentido, creo que los traductores que no se hacen demasiado visibles son los que consiguen hacer hablar más y mejor un texto en otra lengua. Por el contrario —sin que eso llegue a convertirse en una ley, claro está—, en las traducciones en las que el traductor se hace muy presente lo escuchamos sobre todo a él mismo.

Christina Bischoff: Hemos hablado mucho sobre la traducción entre lenguas. Conviene mencionar que tu poesía, en sí misma, se considera traducción. ¿En qué medida te consideras traductor al escribir poesía? Y ¿en qué medida vale para tu poesía lo que dices de la traducción?, a saber: ¿qué es «dialogar, comunicar [...], asumir la alteridad, leer de manera idónea», y así entregar al texto «el amor minucioso que nos pide»?

Cualquier escritura, cualquier texto literario es ya una traducción: se traduce, se «traslada» hasta el presente la tradición literaria. Todo poema es, en ese sentido, una actualización de la tradición, lo mismo que el individuo es una actualización de la especie. Ahora bien, en el caso de la literatura, la tradición no se recibe o se hereda de manera automática; es preciso que el escritor, el poeta, la estudie y haga de ella su interpretación particular. Todo lo que en más de una ocasión he señalado como característico de la traducción literaria —entre otros elementos, ésos que tú mencionas sobre diálogo, comunicación, asunción de la alteridad, etcétera— puede ser aplicado a la relación del poeta con la tradición. No debemos partir de una idea exclusivamente lingüística de la traducción. Traducir no es tan sólo pasar unas palabras de una lengua a otra. Tiene un sentido más amplio de traslación, de comunicación, de intercambio, entre dos dimensiones, dos lugares o dos elementos cualesquiera. Hay filósofos para los cuales el hecho de «pensar» es ya en sí mismo un fenómeno de traducción, porque trasladamos ciertas asociaciones o conexiones mentales al plano lingüístico. Sea como sea, y para volver a la idea de la traducción como traslación, hay traducción, por ejemplo, cuando determinadas realidades culturales pasan de un país a otro, de una cultura a otra, incluso dentro de una misma lengua. Los procesos migratorios dan muchos ejemplos de este hecho: en la cocina, en la vestimenta, en las costumbres, etcétera. Siempre me ha gustado mucho la idea del viejo *Tesoro* de Covarrubias respecto a las «significaciones analógicas» del traducir, que para el lexicógrafo de Toledo era ante todo «llevar de un lugar a otro alguna cosa o encaminarla». La traducción entre lenguas es sólo una parte de ese fenómeno. También el poeta está «traduciendo» al lenguaje, o en el interior del lenguaje, la experiencia del mundo.

C. B.: Vista esa poética de la traducción implícita en tu obra, ¿cuál es la importancia de la «información estética»?

La importancia máxima. La «información estética» es la conformada por los elementos materiales, palpables, del lenguaje, que tienen un papel decisivo en la configuración del poema. Las aliteraciones y las asonancias son siempre determinantes, constituyen la carnalidad, la «forma significante» de la palabra poética. Como traductor, tiendo a una escucha atenta de esos elementos. Un ejemplo nos puede aquí servir más que todas las explicaciones que puedan ofrecerse sobre el particular. Al traducir el poema de Basil Bunting «The Orotava Road», escrito a mediados de la década de 1930, me encontré con una textura verbal en la que Bunting, un poeta muy influido por la música (llegó a ser durante un tiempo crítico musical), elabora secuencias fuertemente aliteradas cuyo efecto era muy difícil de reproducir en español. Me hizo recordar enseguida la conocida reflexión de G. M. Hopkins sobre el verso como «un discurso que repite total o parcialmente la misma figura fónica». Pasar por alto esos elementos con el fin de no alterar la información semántica (procedimiento que es característico de la mala traducción) habría sido traicionar la esencia misma del poema. Una frase como «... He has no shoes and his hat has a hole in it» no podía conservar en español toda su fuerza sonora, el poder de su realidad fónica. Fue preciso compensar ese efecto en otras partes del poema, y donde Bunting escribe «Milkmaids, friendly girls» yo traduje «Lecheras, chicas dicharacheras». Es la técnica de compensación de la que habla el brasileño Haroldo de Campos, cuyas ideas sobre la traducción poética han tenido una gran influencia en mi trabajos de traducción. «Donde un efecto no puede ser exactamente obtenido, le cabe al traductor compensarlo con otro», escribió Haroldo de Campos en cierta ocasión. En la información estética entran también, por supuesto, el ritmo y las pausas. La información estética, en determinados textos, puede tener más importancia que la información semántica.

C. B.: Has mencionado que los traductores de tu poesía son a menudo poetas. ¿Es necesario que sean también poetólogos?

Es muy común que las traducciones de poesía sean llevadas a cabo por poetas. También eso constituye una importante tradición en Occidente. No es imprescindible, sin embargo, que las traducciones de poesía deban ser realizadas por poetas. No deja de ser significativo, por otra parte, que algunos poetas-traductores sean también notables ensayistas y especialistas en temas lingüísticos y literarios.

C. B.: Un problema particular en la traducción poética es el de la intertextualidad. Uno de los referentes de Sobre una confidencia del mar griego *es el poema «El Archipiélago» de Hölderlin. Al traductor —sobre todo el traductor al alemán— se le plantea el problema de saber en qué medida, al traducir tus textos, también se deben traducir sus intertextos.*

No sé si la relación intertextual es verdaderamente un problema en la traducción poética. De hecho, hay mucha más intertextualidad de la que solemos observar a primera vista en la poesía occidental, y eso no ha representado, en general, ningún problema a la hora de traducir. Muchos poetas son conscientes de la historia de determinadas palabras y de determinadas imágenes en la poesía de su lengua, y son capaces de establecer sus apariciones más importantes en el tiempo. Poseen, por decirlo así, una memoria poética que a menudo interviene en el acto de la escritura, de manera consciente o inconsciente. Cuando se produce de manera consciente, los grados de intervención de esa memoria pueden variar. En Eliot, por ejemplo, la referencialidad es siempre muy fuerte, muy intensa. El traductor no tiene la obligación de conocer esas referencias, pero si las conoce, tanto mejor. Cuando se trata de citas concretas, explícitas o implícitas, no creo que el traductor deba restituir el texto original citado: el texto que cita forma parte de una cadena de la tradición que debe seguir su propio curso, ser objeto de una interpretación, como el texto que cita ha «interpretado» ya el texto en su propia lengua o en otra lengua. La cita es, si lo pensamos un poco, otra modalidad de la «traducción» (traslación) en poesía, un modo de mover de un lugar a otro determinadas palabras. Si pienso en *Sobre una confidencia del mar griego,* donde hay, en efecto, dos menciones explícitas al poema «El Archipiélago», de Hölderlin, no creo necesario que en la traducción alemana aparezca en su literalidad el texto citado. Del mismo modo que ninguna lectura es idéntica a otra, y puesto que traducir es, también, interpretar, démosle a esta palabra su más hondo sentido cronológico y evolutivo, como mutación o traslación continua de las palabras en el tiempo.

NOTICIA DE LOS ENCUENTROS DE TRADUCTORES Y ESCRITORES EN CASTRILLO DE LOS POLVAZARES

Llegando a pie desde Santibáñez de Valdeiglesias en pleno Camino, tras atravesar los altos encinares hasta la Cruz de Santo Toribio, a cuyos pies el Camino serpentea por San Justo de la Vega, se despliega el circo sobrecogedor que forman los Montes de la Cabrera y hacia Sanabria, el Macizo del Teleno y Manzanal, con La Cepeda y las Omañas y más allá la Sierra de la Filera hasta Peña Ubiña y las Montañas de Asturias. Allí es donde el Páramo leonés y la Ribera de Órbigo ceden paso a ese paisaje a primera vista un poco escalofriante en el que se inscribe la Maragatería, una de las zonas rurales más frías de España y como tantas otras despobladas, con excepción del verano. La Maragatería es una tierra de frontera. El viajero Hieronymus Münzer, médico de Nuremberga en Franconia, en su relato de su viaje por España, señalaba en 1495 que entre Astorga y Rabanal discurría el límite cultural entre Galicia y Castilla (se refería, claro está, al paisaje, al lenguaje y a elementos etnográficos como las casas, los vestidos y ciertas costumbres). En 1726 un sastre picardo, Guillaume Manier, hacía observaciones parecidas, lo que demuestra la escasa consciencia que, en los albores y primeros siglos de la Edad Moderna, en el extranjero se tenía de la esencia leonesa de esa región. Hoy no ponemos en duda la identidad leonesa de la comarca maragata. Y es que desde que Isabel la Católica hubo dirimido el litigio de la sucesión en la sexta década del siglo XV, el Occidente de León se convirtió en barbacana de Castilla hacia Galicia. Con ello se desplazaba la frontera entre los feudos o —digamos— administrativa de la Maragatería al Bierzo.

Los espacios fronterizos son ciertamente límites de exclusión, pero sobre todo son lugares de paso y de encuentro, y aunque hoy en día la Maragatería no constituya frontera empírica o políticamente, sí que su memoria de lugar guarda la conciencia de ser un espacio de contacto y de tránsito. La mitología arriera, una de las claves identitarias maragatas, da buena cuenta de ello.

Las lecturas folclóricas de la tradición arriera en la Maragatería encontraron su expresión más romántica en el exotismo y pintoresquismo con el buen burgués normando Jean Charles Baron de Davillier quien en 1862, y en compañía de Gustave Doré, retrató la región y los arrieros maragatos: el arriero con bragas y sombrero de alas anchas, huraño y apegado a su carro y mercancía, de tez oscura y crispada cabellera... A todas luces, esa imagen pintoresca es hoy en día insuficiente: la Maragatería es tierra de emigración y de desangre, es carne de miseria, lugar de salida también que, no obstante, siempre ha sabido jugar sus bazas, p. ej. en el comercio, la artesanía y en el sector de la alimentación por poner algunos ejemplos. Así no sorprende que entre las etimologías barajadas para la palabra «maragato» la más popular y celebrada sea el término latino «mercator».

Estoy recurriendo a metáforas como la frontera, el tránsito, el cruce, la salida y la llegada para trazar una cartografía simbólica de La Maragatería, un esquema cultural que justamente responde a lo que es la traducción literaria: El paso de unas ideas y sentimientos de una lengua a otra, el tránsito de sensaciones de un código cultural sentido como propio a un terreno vital o cultural ajeno, el cruce de fronteras lingüísticas gracias al trabajo de ajuste que realiza el traductor literario, las idas y venidas que conmueven de continuo a nuestras cabezas y corazones en los procesos de la comunicación humana. La traducción es todo eso, es trasvase y traslado, es experiencia de límites, es lugar de encuentro de culturas dispares, pero es también consciencia de arraigo en el espacio que supone verbigracia el idioma de llegada. Por eso fue tan lógico para mí pensar que Castrillo de los Polvazares sería el lugar idóneo para un encuentro entre escritores españoles —que fuesen también traductores, a ser posible— y traductores, al principio alemanes y en seguida procedentes de Europa en general, consagrados a la tarea de trasladar a la suya obras literarias escritas en español o en las lenguas de España.

Esa fue la idea que tuve en septiembre de 2005 en la casona de Verines frente a la asturiana playa de la Franca, cuando por invitación del profesor y escritor Luis García Jambrina participé en el XXI Encuentro de Escritores y Críticos Literarios, hasta hoy bajo el patronazgo de la Dirección General del Libro y alentados en su momento por José María Merino. Una conversación tan intencionada como casual con el Director General del Libro, D. Rogelio Blanco, fue el pistoletazo inicial de lo que ahora es ya una realidad en marcha: Los Encuentros de Traductores y Escritores en Castrillo de los Polvazares.

La fórmula Verines implicaba darle al encuentro un toque monacal, casi de ejercicios espirituales, de encierro, para que escritores y traductores, editores y agentes culturales, intercambiaran ideas y trabajaran concentrados. Dos días lejos del mundanal ruido, siempre el lunes y el martes que preceden a la fiesta de la Magdalena le parecieron bien al Alcalde de Astorga (Juan José Alonso Perandones), al presidente de la Junta de Vecinos (Esteban Salvadores) y al gerente de la Hostería Cuca la Vaina en cuyas instalaciones (y sin recargo) tienen lugar las reuniones. La Fiesta de la Poesía en la Ermita de Castrillo a la víspera de los Encuentros da proyección pública al evento y se ha convertido en una pequeña fiesta popular e intelectual que va a más de año en año.

Los encuentros son de carácter muy pragmático, prescindiéndose de debates teóricos o en general. Son días de trabajo en que los traductores contrastan, discuten y ensayan propuestas de escritura que apunten a la solución definitiva y única que podrá leer el lector no español. Traducciones de autor (la versión primaria, habitualmente ya revisada por un segundo traductor) se contrastan en las sesiones de taller ante un foro más amplio y en presencia del autor mismo o entendidos especialistas. El resultado es contundente, a veces devastador: sea la traducción individual, revisada, contrastiva, comparada o colectiva se trata siempre de conseguir un texto poético, literario en la escritura de llegada, y para ello es imprescindible ensayar numerosas variantes y probar múltiples fórmulas. Una vez entendido el texto —y qué mejor portavoz para ello que el propio autor— el secreto está luego en formularlo en el otro idioma, y se ha llegado a decir que casi ni es necesario que el traductor sea hablante de la lengua de partida. En cualquier caso, la traducción literal es casi siempre una mala traducción literaria, y casi todas las traducciones —sobre todo las poéticas— serán insuficientes aunque un ejercicio altamente creador y creativo. A día de hoy se están debatiendo las posiciones que ha acotado Umberto Eco al respecto que anuncia el encuentro del año 2008, y ya que la traducción siempre será un eco del texto original, puede ser una buena medida del trabajo realizado y por realizar. De acuerdo con su libro *Decir casi lo mismo* a propósito de sus experiencias acerca de la traducción de sus libros, entendemos con Eco nuestro trabajo de traducción como una aventura y nos apasiona reflexionar sobre las transformaciones que sufre un texto al ser reformulado en otra lengua.

Por último, personalmente, valga comentar que me ilusiona constatar que La Maragatería, y con ella Castrillo de los Polvazares, que para mí son paisajes de infancia por haber pasado allí los veranos «secándome» de la humedad propia de A Coruña, y que es también un espacio simbólico de frontera, se hayan convertido en una encrucijada literaria en que se estén forjando grupos de traductores como LITES y ESTHER, a los que se han sumado personalidades de Gran Bretaña, Irlanda, Italia…

En La Maragatería de hoy se cruzan igualmente lo local y lo universal, como también en toda buena literatura: para buscar el espacio de la persona los discursos literarios tienen que descubrir lo universal de lo local, y concentrar en un punto la experiencia y la existencia, así construye la literatura las imágenes más universales del mundo y la existencia humana (o las más deshumanizadas, si faltan referencias simbólicas). Nuestros *trabajos y días*, las publicaciones del *Taller de Traducción Literaria LITES* de Kiel y otras en ciernes, compartidas por el *Proyecto Europeo de Traducción PET* y sus asociados, siguen una hoja de ruta común, y por eso permítaseme augurarle el socorrido *vivant, crescant, floreant!* para que aporten los frutos que desean las instituciones y personas que han depositado su confianza en esta empresa.

Javier Gómez-Montero
Madrid, en la Casa de León (4 de abril 2008)

PROYECTOS ELABORADOS EN LOS ENCUENTROS DEL TALLER DE TRADUCCIÓN LITERARIA DE KIEL (TTL)

2001/02 (Straelen/Renania del Norte):
– *Du kamst, Vogel, Herz, im Flug. Spanische Lyrik der Gegenwart. Gedichte 1950–2000.* Eds. Javier Gómez-Montero y Petra Strien-Bourmer. Suhrkamp Verlag, Francfort del Meno 2004.

2002/03 (Sehlendorf/Mar Báltico):
– *Cuando va a la ciudad, mi Poesía. Das Gedicht und die Stadt. Gegenwartslyrik aus Spanien (1980-2005).* Ed. Javier Gómez-Montero. SIAL Ediciones, Madrid 2005.

2004/05 (Sehlendorf/Mar Báltico):
– Gonzalo Torrente Ballester, *Santiago de Compostela. Ein Pilgerlesebuch* [original: *Compostela y su ángel*]. Verlag Ludwig, Kiel 2007 (traducción del TTL bajo la dirección de Victor Andrés Ferretti).

2005/06 (Castrillo de los Polvazares/León):
- Antonio Gamoneda, *Esta Luz. Dieses Licht. Eine Anthologie, 1947-2005*, Verlag Ludwig, Kiel 2007 (traducción de Manfred Bös y Petra Strien-Bourmer con Karina Gómez-Montero).

2006/07 (Castrillo de los Polvazares/León y Sehlendorf/Mar Báltico):
- Ángel González, *Otoños y otras luces y más poemas* (traducción de Ludger Damm) y Andrés Sánchez Robayna, *Correspondencias/Sobre una confidencia del mar griego* (traducción de Christina Bischoff); publicaciones previstas para el año 2008.

2008/09 (Sehlendorf/Mar Báltico y Castrillo de los Polvazares/León):
- Poesía gallega actual *(M. A. Fernán Vello, X. Valcárcel, X. M. Álvarez Cáccamo)*;
- *Antonio Colinas,* Poesías. Gedichte*;*
- *Luis Alberto de Cuenca,* Poesías. Gedichte*;*
- Topografía literaria del Camino en León *(VV. AA.).*